冷战温度计的爆表时刻

One Second Before the Explosion

柏林危机

"口袋中的世界史"丛书
丛书主编：沈志华
执行主编：梁　志

The Berlin Crisis

童欣——著

天津出版传媒集团
天津人民出版社

图书在版编目(CIP)数据

冷战温度计的爆表时刻:柏林危机 / 童欣著. --
天津:天津人民出版社, 2024.1(2024.4重印)
("口袋中的世界史"丛书 / 沈志华主编)
ISBN 978-7-201-16705-3

Ⅰ.①冷… Ⅱ.①童… Ⅲ.①冷战—国际关系史—通俗读物 Ⅳ.①D819-49

中国国家版本馆CIP数据核字(2023)第067742号

冷战温度计的爆表时刻:柏林危机
LENGZHAN WENDUJI DE BAOBIAO SHIKE BOLIN WEIJI

出　　版　天津人民出版社
出 版 人　刘锦泉
地　　址　天津市和平区西康路35号康岳大厦
邮政编码　300051
邮购电话　(022)23332469
电子信箱　reader@tjrmcbs.com

策划编辑　王　琤
责任编辑　佐　拉
特约编辑　曹忠鑫
封面设计　汤　磊

印　　刷　天津海顺印业包装有限公司
经　　销　新华书店
开　　本　880毫米×1230毫米　1/32
印　　张　3.75
插　　页　5
字　　数　53千字
版次印次　2024年1月第1版　2024年4月第2次印刷
定　　价　42.00元

执行主编

梁志

历史学博士，现任华东师范大学历史学系教授、系主任，研究方向为冷战史、当代中国对外关系史。

本书作者

童欣

历史学博士，毕业于北京大学，曾在柏林自由大学进行合作研究，现为华东师范大学社会主义历史与文献研究院兼职助理研究员，研究方向为冷战史、德国近现代史。

总 序

历史系的青年教师们与天津人民出版社合作，计划出版一套通俗世界史读物，面向青少年，名曰“口袋中的世界史”，请我作序。

接到这个“任务”，脑海里立即呈现出我儿时读历史书的情景。我上小学时的历史知识都是来自“小人书”——《三国演义》《杨家将》《水浒传》等，到初中时，爱不释手的就是中华书局出版的“中国历史小丛书”了。这套书的主编是著名明史专家吴晗，作者也大都是名已见经传的历史学者。到20世纪60年代中期左右，该丛书共出版了一百四十多种，有人物、事件、古代建筑和名胜古迹，文字简洁，通俗易懂，还有名家插图。我想，我对历史研究的最初的兴趣或许就是从这里开始的。

如今已经是信息爆炸的网络时代了，获取历史知识的渠道和方式十分丰富。不过，对于青年人，特别是青少年来说，为他们编写一套专业、精致又简易的历史小丛书还是很有必要的，特别是在世界历史方面。青少年在走进世界之前，首先应该大致了解世界，这就需要读一点世界史，而仅靠应试教育的中学历史课程恐怕很难做到这一点。20世纪60年代，英国历史教育曾经出现了一次危机，英国学校委员会经过调查发现，学生们不喜欢枯燥无味的历史课，有学者甚至认为历史学科可以并入社会学科。于是，历史研究者和历史教师要向公众解释：历史教育为什么重要，为什么必须保留？这次危机引发了英国历史教育的重大改革，各地历史教师组成多个研究组织，探讨了使历史教学丰富多彩、引人入胜的途径和方式，其中增加历史游戏、历史戏剧和课外读物就是重要的内容。

梁志教授告诉我，第一辑有六本书计划出版，包括希腊内战（危机）、匈牙利危机、刚果危机、柏林危机、古巴导弹危机、“普韦布洛”号危机；第二辑包括世界历史上的六场战争；以后还会有人物辑、地理辑、科技辑、经济辑等。对于今天的中国历史教学来说，如果能够出版一套既能体现最新史学理念和成果，又多姿多彩、通俗易懂的世界史丛书，帮助青少年了解世界，并形成“睁眼看世界”的思维方式，进而通过课内外结合提升中学历史教育的有效性，或许能够走出历史教育的某些困境，也为中国这一代青少年走向世界奠定坚实的思想基础。

我非常期待“口袋中的世界史”能够顺利出版，并延续下去。

沈志华

2023年5月

写给读者

经过三年的筹备,“口袋中的世界史”丛书的第一辑终于和大家见面了。本辑的主题为“冷战中的国际危机”,考虑到地域和时间分布以及危机类型等相关因素,选取了希腊内战(危机)、匈牙利危机、刚果危机、柏林危机、古巴导弹危机、“普韦布洛”号危机,呈现给大家。

冷战可以被视为距离当下最近的一段历史了。概言之,冷战是东西方两大阵营之间长期的竞争与对抗,本质上是一种非战非和的状态。恰恰是就这一点而言,国际危机可能是东西方冷战时期国家间关系的一种“常态”。正因如此,在核武器问世并逐渐成为全球毁灭性力量的情况下,如何应对国际危机,特别是防止国际危机演化为战争乃至世界大战,成为各国政要关心的重要议题。在古巴导弹危机后,美国国防部部长罗伯特·麦克纳马拉宣称："今后战略可能将不复存在，取而代之的是危机管理。"由此，国际危机管理成为政治家、媒体、学者乃至大众共同关注的一个概念。

本辑选择的国际危机涉及亚非美欧各大洲，时间从20世纪40年代后半期一直延续到60年代末。这六次国际危机类型丰富，有内战危机、核危机和情报危机等。影响国际危机走向和结局的因素很多：本土各派势力的实力对比与博弈；超级大国（个别情况下也包括地区大国）的反应，特别是保持克制的程度（谈判并做出妥协的意愿如何、是否接受调停或倾向于动武等）；国际上包括联合国在内的相关方的调停意愿与能力；各有关国家领导人（有时也包括各级军官）在危机期间对突发事件的判断和应对。

重温这六次国际危机的来龙去脉，可以从中窥见一段段跌宕起伏、惊心动魄的历史故事：既有政治家展现出来的大国智慧，又有普通人面对历史大势的隐忍无奈；既有国际秩序和国际格局对一国的刚性束缚，还有偶发因素影响下的历史"转弯"；既有冷战政治与人道主义之间形成的有限张力，更有各种复杂要素共同形成的无限合力。

故事的情节固然精彩，但远没有防止国际危机恶化乃至爆发战争的经验和教训可贵。我和几位志同道合的中青年历史学人一直致力于史学研究，在出版社朋友的建议下，策划了丛书第一辑的出版。口袋是“小”的，历史是“大”的，希望这套小口袋书能够给读者打开历史大视野，从中国放眼世界，在世界中认识中国。

梁 志

2023年5月

contents

目 录

楔　子

1961年10月27日，夜幕初降的柏林已经寒意逼人。美军中尉派克兴奋地从一辆臭烘烘的苏制T-54坦克中探出头来，手上拿着一份俄文报纸。他完成了任务，现在可以确定这是苏联人的坦克了。T-54真正的主人正坐在不远处的空地上，并没有发现他——如果在那个瞬间多一个回眸，也许一场世界大战会就此爆发。

查理检查站是此时东西柏林之间仅存的通道，南侧美军M48巴顿式坦克的炮口正对着北方，它们被北面木架上的6盏大探照灯照得雪亮。在记者和西德商贩的围观之下，美军坦克手大多坐在车顶上，吸烟、说笑、吃盒饭，活像舞台上正在演出的话剧明星。不过，坦克上的美军知道，对面那片黑暗中也有穿着黑色制服的军人，操作着相同数量的坦克，并将炮口指向自己。以奇特方式弄清了对方身份的派克中尉侥幸地跑了回来，但危机远未消除，苏联人会动真格的吗？无声无息的对面只有一片黑暗，而炮声或许就会在下一秒响起，再下一秒纽约和巴黎就将升起蘑菇云。世界屏息望着这里，这里正等候着来自华盛顿和莫斯科的最后指令。

一箭之地内，两个核大国的坦克和士兵如此互相瞄准，这在人类历史上还是第一次。二战已经结束16年了，美军和苏军为何会在德国的首都对峙？

这其中既有德国人自己的过错，也夹杂着美苏两个超级大国的恐惧与欲望。柏林城在战后所经历的两次危机，与古巴导弹危机一样，是人类最为接近毁灭性核战争的瞬间，它们都是冷战温度计的爆表时刻。

一、失去敌人的同盟

1.德国再次陷入两线作战

德意志位于欧洲中部,自近代以来东西两面皆有强敌。普鲁士在七年战争中虽有弗里德里希大王这样的天才统帅和英国这样的强大盟友,却也只是因为沙皇的意外死亡而幸存。俾斯麦高超的外交技巧让他总能孤立当面之敌,用三场有限战争完成了德国的统一。不过,1871年新诞生的德意志帝国,从一开始就陷于两线作战的威胁之中:西边的法国欲报色当之仇;在东边与法国越走越近的俄国与德国之间只有一条窄窄的布格河。

一战时德国吃够了两线作战的苦头,但现在看来后果还算可以接受:复国的波兰虽将东普鲁士切成了两半,但却挡住了布琼尼的第一骑兵军。

而在1941年德军入侵苏联并开启一种全新的"灭绝战"之后，德意志的命运就彻底被希特勒押上赌桌，要么赢下乌拉尔山以西的全部疆土，要么失败之后任人宰割。

1941年6月22日，纳粹德国的大军向东越过了布格河，打算用击垮苏联的方式消除英国的抵抗意志。希特勒并非忘却了德国在第一次世界大战中两线作战的惨痛经历，在他的算计里，英国及其盟友几乎不可能在他征服苏联之前重新登陆欧洲。但最出乎他意料的，可能还不是苏联人顽强地在莫斯科城下挡住了德军的闪电战，而是斯大林在此岌岌可危之时，已经与来访的英国人商谈战后如何肢解德国的问题了。

1941年12月16日晚上7点，夜色之下，隆冬的莫斯科白雪皑皑。伴随着几十公里外苏德两军交战的隆隆炮声，来访的英国外交大臣艾登听到斯大林同志在谈到德国问题时说："削弱德国是绝对必须的，首先是把莱茵州连同它的工业区与落后的普鲁士分隔开来。至于莱茵省的未来命运，是作为独立国家还是托管，以后还可以讨论，但重要的是分割。奥地利可以恢复其独立国家的地位。对于巴伐利亚似乎也可以采取同样的办法。”他按捺住对苏联领袖勃勃野心的惊诧，建议还是先讨论如何援助苏联打败纳粹的问题，不过双方依然将“把德国划分成几个国家”写进了第一次莫斯科会议的议定书。

艾登离开后不久，德军对莫斯科的攻势彻底失败了，“闪击英雄”古德里安也不得不承认：“我们低估了敌人的优点，包括他的面积及天气。”其实德军当时的困境远比第一次世界大战的失败更严峻。在战略上，对苏联的入侵最终将德国推向了几乎所有世界强国的对立面，只要德国不能切断英美援助苏联的渠道，就难逃战败的命运。潜艇战专家邓尼茨和他的“狼群”为此竭尽全力，却依然功亏一篑。于是在斯大林格勒战役中，美国的卡车和苏联红军英勇无畏的精神一起打断了第三帝国的背脊。

这次战败不会再有一战时的“幸运”了，纳粹德国在东欧的征服毁掉了这些地方的民族武装力量。在柏林与莫斯科的连线上，除了苏德已几乎不再有其他值得一提的力量了。一旦德军溃败，苏联红军将一路推进至易北河，并在自己的身后建立起一连串"联合政府"。

为什么斯大林不直接建立完全听命于苏联的傀儡政府？理解这一点需要摆脱冷战时代的印象。1945年4月,斯大林对南斯拉夫共产党领导人吉拉斯说过的一番话,常常被后人引用:"这次战争和过去的不同;无论谁占领了土地,也就在那里加强他自己的社会制度。凡是他的军队所能到达之处,他就加强他自己的社会制度。不可能有别的情况。"这番话似乎很贴合人们在冷战时代的想象,但斯大林的考虑其实要复杂得多。如果他真的像列宁那样立即在欧洲鼓动共产革命,那么苏联在雅尔塔会议上取得的丰硕成果就有落空的危险。二战使苏联蒙受了人员和物资方面的巨大损失,这使得斯大林非但没有推动世界革命的雄心,反而让他更期待战时形成的同盟能够继续下去,以便利用美国的贷款和技术帮助苏联战后重建。

但无论制度如何建构,陷入两线作战让统一了七十余年的德意志再次面临分裂。在德国人尚在苏联境内作战时(1943年秋),英国与苏联已经就战后对德占领问题初步达成了一致意见:苏联在打败纳粹德国后将占领德国东部（约占1937年德国领土的40%）。经过卡萨布兰卡会议、德黑兰会议和雅尔塔会议，苏联、英国和美国达成了迫使德国割让部分领土（东普鲁士、西里西亚等）和由盟军分区占领德国的协议。至此，后来两个德国的边境线已经大体被画了出来。但即使是在波茨坦会议细化了分区占领协定之后，德意志民族的命运仍旧悬而未决。

2.分区占领

提出肢解德国的是苏联，而首先提出分区占领计划的是英国。与苏联一样，英国的首要目标在于防止德国东山再起。一战后，《凡尔赛条约》设立了“莱茵非军事区”，法国军队还一度占领了鲁尔区，但这些都没有阻止德国不久后再次成为军事强权国家。这一次，英国人决心彻底根绝德国重新实施侵略的可能性。不过，与苏联简单粗暴的肢解方案不同，英国人在1943年设想的分区占领计划是一个活扣，它既可以是一项临行性措施，也可以是肢解德国的前奏。

最初，在美国人看来划分战区虽势在必行，但这基本上是一项战时措施。美国的分区方案十分简洁：以柏林为中心把欧洲分成三份，柏林东面的东欧和东南欧由苏联负责，德国西北部、低地国家和北欧由英国负责，法国、巴伐利亚和意大利由美国负责——这个方案在方向上与最终的分区占领方案是一致的。美国人觉得，一旦德国投降，分区占领措施会在两个月内完成其使命。真正处置战后德国的方案，是由美国财政部长摩根索于1944年9月向罗斯福总统提交的“摩根索计划”，其要

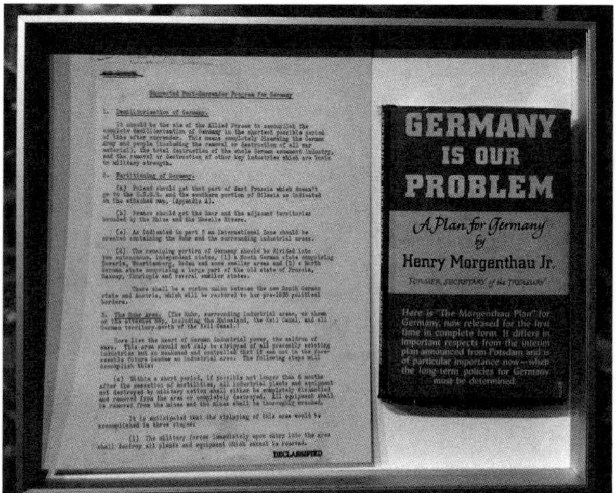

图1 摩根索计划和摩根索据此写出的著作《德国是我们的麻烦》

点是肢解德国并将德国变成两个几乎没有重工业的农业国。这份严厉的方案得到了罗斯福的赞同,却遭到丘吉尔的反对,甚至连苏联方面也表示难以理解。

在1945年2月举行的雅尔塔会议上,“三巨头”们终于商定将肢解的目标定在“万恶之源”的普鲁士,而放弃肢解整个德国的计划,并转而采取分区占领的方案。在德国投降之后将成立盟国管制委员会,在德国彻底实现非军事化之前代行中央政府的职能。在丘吉尔的鼎力支持下,法国也在柏林和德国西部获得了一块占领区,并成为盟国管制委员会的成员之一。然而在德军依旧负隅顽抗且对日作战前景尚未明朗的情形下,“三巨头”们并没有商定盟军穿越对方管辖区域时的细节问题。

后来冷战局面出现之后,很多西方政客质疑这个分区占领方案对苏联的让步太多,以至于苏联可以在不违反任何正式条约的情况下封锁柏林。但这又是事后诸葛亮的想法,盟国们在制定分区占领方案时最核心的问题是防止德国卷土重来,如果英美对苏联没有最基本的信任,实现这一目标是不可想象的。苏联人控制着柏林周围的农业地区，作为一个大都市，柏林所需的日常生活资料不来自这些地方，又能来自哪里？中国人能想象北京的物资供应完全不依赖河北而全部从山东和山西运输吗？英美之所以没有在雅尔塔会议上提出通向柏林的通道问题，是因为根本想不到这会是一个问题。

然而1945年7月分区占领计划正式实施之后，战后盟国之间的矛盾却将问题复杂化了，并最终导致了盟国管制委员会难以完成其使命。

最初的矛盾并非来自于苏联与英美之间的敌意，而是战后德国的实际经济困难。德国投降之后，满目疮痍的城市里到处是神情恍惚的饥民。按照盟国之间的协议，德国居民的生活水平不应高于四大国居民和欧洲居民的平均水平。可此时遭受战争蹂躏的苏联不可能向苏占区提供足够的粮食，甚至还要从德国运走粮食。为此，苏联方面于1945年6月宣布：各国占领区的物资由各国自己负责。

英国分区占领计划的初衷只是在“非纳粹化”完成前进行军事管制，而各国占领区在经济上并不分割。现在苏方切断补给，西柏林的物资供给从此只能仰仗西方盟国，穿越苏占区的通行问题由此凸显出来。在1945年6月举行的会晤上，美国代表克莱将军和英国代表威克斯将军向苏联代表朱可夫元帅提出要求：西方应该拥有通往柏林的两条铁路和两条高速公路的直接和无限的使用权，并且负责这些通道的维护和保养。面对克莱的要求，朱可夫声称这四条交通线会切割苏占区，从而给苏占区的行政工作造成“极为严重的问题”。苏联人没有明说的是，他们可能觉得铁路需要西方盟国来维护构成了对自己的一种羞辱，将他们置于落后国家的地位——苏联人在两个月后进行的中苏谈判中，对蒋介石的代表提出了类似的要求：东北光复后将由苏联负责维护“中国长春铁路”。

对于朱可夫的质疑，克莱强调西方要的只是相关通道的“自由通行权”而不是专属权。朱可夫将克莱的要求打了个折，口头同意开放马格德堡与柏林之间的高速公路和铁路，苏方将会例行检查证件，但不会搜查车厢内的东西。克莱表示接受，但保留重开谈判的权利。双方都不认为这是令自己满意的最终安排,因此没有签署书面协议。

在1945年7月17日至8月2日召开的波茨坦会议上,三大盟国进一步讨论了占领的德国的诸项措施,签订了具有历史意义的《波茨坦协定》。不得不说,这也是一份“和稀泥”的协定,它回避了主要大国之间的矛盾,导致各大国在执行协定的时候对协议条款各取所需,进行最有利于自己的解释。就柏林问题而言,《波茨坦协定》规定:每个国家的占领机关对各自区域内的事务行使主权,同时共同通过盟国管制委员会联合行使对“整个德国”的权力。可是这对于某盟国如何穿过另一盟国管辖区域的通行细节而言,并没有说得十分清楚。

波茨坦会议留下的另一大隐患,是没有合理安排法国在对德占领中的地位。鉴于法国在对德作战时的表现和战后虚弱的实力,苏联一开始就反对把法国拉到对德占领当中来。但就连最支持法国的英国首相丘吉尔也没有想到,法国的代表会站出来使盟国管制委员会瘫痪。法国得到了战胜国地位,却无缘波茨坦会议。这让法国的“大国尊严”无处安放，也使得法国可以宣称它不对《波茨坦协定》承担任何义务。为了掐灭德国重新统一的希望，也为了以对德强硬态度使戴高乐政府赢得民众的支持，法国驻柏林的代表柯尼西屡次反对成立统一的德国行政机构，这给统筹安排全德的经济、通信、交通工作造成了巨大的困难。1945年，战时大同盟尚有余温，在11月30日盟国管制委员会批准的一项文件中，苏联曾经同意西方盟国飞机可以在不知会苏联驻德国军政府的情况下，通过汉堡、汉诺威和法兰克福三条空中走廊飞往柏林。这段宝贵的时间，因为法国人的不合作而错过了。从1946年初开始，伊朗危机、希腊危机、土耳其危机、中国东北危机接踵而至，盟国之间的关系迅速恶化。

美苏关系的转变，乃至冷战的开始，是盟国管制委员会未能真正实现其使命的最核心原因。美国代表没有在1945年6月的谈判中签订一个书面协定来保证西方盟国的通行权固然是一个纰漏，但双方的“君子协定”在之后的三年里一直顺利运行。可以说，苏联的意愿及其对德政策的实施情况才是主宰柏林政治气候的关键。不过，也不能全怪英美号不准斯大林的脉，斯大林的对德政策本身就存在着内在矛盾。

3.苏联对德政策的内在矛盾

毫无疑问，斯大林对德政策的首要目标是苏联的安全。可是实现这个战略目标的诸多途径和条件之间有时是相互冲突的。正因为如此，斯大林1945年到1952年间的对德政策才会不断游移。

1945年后，苏联面临的主要安全威胁有三：

其一是苏联自身的经济问题。除了军工产业，苏联自身的经济能力被战争大大削弱。战后的国民需求将转向日常生活用品，因此迫切需要经济重建。为了维持苏联的稳定和强大，斯大林决定搜寻尽可能多的战利品，所以强烈要求同盟国共管鲁尔区，以确保从德国得到赔偿。如果共管鲁尔的要求被英美拒绝，那么次优方案将是搜刮自己占领的部分。

其二是德国的复仇。德国在一战之后冲破凡尔赛条约的重重阻力迅速复兴的历史，给斯大林留下了异常深刻的印象。按照苏联的意识形态，只有改变德国的资本主义制度才能永绝后患。1945年6月4日斯大林在与德共领导人乌布利希和阿克曼的谈话,首次谈及了德国土改的问题。8月20日,作为苏占区土地改革法案基础的“莫洛托夫报告”出炉,它将拥有100公顷以上土地的“容克”地主视作土改对象,并要求10月25日之前完成土改,事实上的完成时间是1946年春天。

其三最严重的威胁——美国。如果德国不再称霸,那么世界上将只有这一个国家堪称苏联的对手。对苏联而言,最理想的状态无疑是尽可能与美国保持战时形成的友谊,并促使美军在这种友好气氛下像一战之后那样撤离欧洲大陆。如果此理想状态不能实现,那么现实主义方案就将成为苏联的首选:像百年来的列强那样划分势力范围。1944年10月,斯大林和丘吉尔一起用《百分比协定》证明了双方都是精于此道的老手。对于美国是否能照此办理,1945年时情况仍不明朗。

对苏联最糟糕的情况,莫过于出现十月革命后多国围剿红色政权的场面,但斯大林也必须为这种最坏的可能进行准备。他所深信的俄国的传统安全策略是尽可能地扩大防御纵深,而这个策略的有效性又被二战中的经历所“证实”。因此当苏联感觉到将再次面临资本主义世界的包围时，最有可能的对策就是扩大社会主义制度的实施范围，将自己占领的德国地区变成前哨堡垒。

分开来看，这三大危险都是苏联的安全策略所要解决的问题，但解决方案之间却存在矛盾。英国之所以在德军尚在苏联境内作战时就向苏联提出有关分区占领德国的建议，就是想通过这一让步把德国的工业心脏鲁尔区牢牢地控制在手里。苏联在战争末期强烈要求共管鲁尔区的要求，势必会引起英美两国的疑心和反感，从而导致同盟关系的破裂。因此苏联只能尽量在苏占区掠夺战利品。尽管这样既得实利又能削弱德国，但却有可能丧失苏占区内德国人的支持，导致这个前哨堡垒的作用大打折扣。

到底是把德国当作劫掠对象还是培养对象？在实际操作中，斯大林没有将任何一种政策推行到极端，而且总是将选择权保持到最后一刻，但是这也让苏联对德政策的矛盾性更加明显。一方面，苏联用掠夺战利品和分割德国领土的方式削弱德国；另一方面，又在可能的范围内争取德国民众的好感——或者说降低他们对苏联的恐惧感。一边让德国共产党为建立一个社会主义德国做准备，一边又期待在与西方国家谈判当中争取让德国中立化。

就战后初期的经济状况而言，苏占区本来可以算是摸到了一手好牌：既有大片的农业区能够提供战后最为紧缺的粮食，也有一定的工业基础，只是在能源供应和钢铁工业方面比不过拥有鲁尔区的西方盟国占领区。可是，苏联野蛮的索赔方式和斯大林举棋不定的对德政策，彻底让苏占区的经济发展输在了起跑线上。苏联红军所到之处，大量的工业设备被视作战利品，被直接拆卸后运往苏联，哪怕其中有相当一部分在路途上或目的地变成了废铜烂铁。

除了失去德国人心且加重苏占区恢复经济的难度之外，苏联肆无忌惮的掠夺行动还显著恶化了战后初期苏联与西方盟国的关系。在盟国当中，英国最先意识到恢复德国经济对于稳定战后欧洲局势的极端重要性。苏联的这种作风，使其染指鲁尔区的要求在英国看来完全不可接受。美国在不久之后也同意了英国的看法，拒绝在赔偿问题上向苏联作出让步。苏方将这看作是背信弃义和羞辱,是英美和德国资产阶级沆瀣一气的明证。盟国在德国赔偿问题上的矛盾亦就此成为冷战形成的原因之一。

4.冷战初起

从1946年初开始,战时盟国之间的矛盾开始逐渐从盟友之间的龃龉转变为对手之间的冲突。斯大林在2月9日的苏维埃选举前的选民大会上称:“第二次世界大战是世界各种经济和政治的力量在现代垄断资本主义基础上发展的必然产物……现代世界资本主义的发展,并不是以安稳平衡的前进形式进行的,而是通过危机和战争灾祸进行的。”这话在苏联是老生常谈,但在欧美却激起了强烈反应:难道苏联正在准备下一次战争?受命解释苏联意图的美国驻苏大使馆大使级代办的乔治·凯南,于2月22日向国内发回了一份“长电报”,根据他的分析,苏联传统上就存在严重的不安全感,现在又混合了共产主义的意识形态,以至于苏联人会认为“资本主义内部的冲突不可避免地要导致战争”，所以“在时机成熟和成功有望的时候”会试图用“东方式的密谋”扩展自身的力量。仿佛是为了印证凯南的说法，一连串沿着苏联边境线发生的危机，开始不断侵蚀二战盟国之间的信任。

在东亚，“满洲危机”的起因是1945年8月9日攻入伪满洲国的苏联红军迟迟不愿离开。由于国民党领导的中国政府不同意苏联将一切与日本有联系的东北企业都当作“战利品”处理，并且还求助于美国来抵抗苏联的压力，斯大林在几经反复之后，终于从1946年2月底开始大力帮助东北的中共军队，鼓励中共占据苏军撤离的大城市，拒绝国民党军队“接收”且不惜在东北“大打”。另一边，国民党军在美军的后勤支援下决心“武力接收”。1946年4月至5月间，国共双方在交通枢纽四平市进行了一场几十万人参加的大会战。

“伊朗危机”的起因与中国东北危机有相似之处。二战中，苏联和英国为了防止伊朗倒向轴心国一边，分别从南北两面占领了伊朗。但二战结束之后，苏联并没有像英美一样在协议规定的时间内撤军，反而留在伊朗北部并扶植了阿塞拜疆人和库尔德人的分裂势力。伊朗政府无力赶走苏联人，只好把状告到了刚刚成立的联合国安理会。苏联则坚持要求与伊朗进行双边谈判，只要伊朗答应“石油租让权”等经济要求就一切都好商量。苏联不遵守条约的行径让西方感到恐惧和厌恶，扶植分裂势力代理人的方式又印证了西方对苏联扩张主义的看法。

在东地中海，“土耳其危机”和“希腊危机”更加触及西方盟国的核心利益。苏联以土耳其二战时迟迟不肯对纳粹德国宣战为由，要求修订关于博斯普鲁斯海峡和达达尼尔海峡(合称“黑海海峡”)的《蒙特勒公约》，以实现由苏联和土耳其共同管理黑海海峡的目的。与伊朗危机初起时的三分犹豫不同，美国很快就下定了全力支持土耳其政府的决心。1946年3月6日，炮管锃亮的密苏里号战列舰以护送土耳其驻美国大使遗体归国的名义，起航驶向伊斯坦布尔。

希腊本来是斯大林与丘吉尔在《百分比协定》中已经谈好的地方，但是斯大林认为控制希腊需要有苏联尚不具备的海空军力量，而且拥有这种力量的英国又会为了苏伊士运河而竭力相争，因而不如用这枚弃子去换取其他利益。但在苏联与英美的关系不断恶化的1946年，让实力尚存的希腊共产党去给英美制造麻烦的策略又重新成为斯大林的选项。作为支援希共的中介，铁托的南斯拉夫自身还有对马其顿地区的领土野心，因此非常积极。很快英国发现以自己的力量已经无法支撑希腊现政府平息叛乱，只好请求美国来接手东地中海的霸权。1947年3月12日，杜鲁门发表《国情咨文》，宣布美国将拨款4亿美元援助土耳其和希腊政府，因为“自由人民正在抵抗少数武装分子或外来势力征服之意图”。这篇被后世称为“杜鲁门主义”的冷战宣言和英美的其他动作一起，被苏联判读为是西方资产阶级与苏联周边的反动政权联合起来重新制造“防疫线”。

然而在所有这些地方，都没有出现西方盟国与苏联军队的直接对立。美国将自己驻华部队严格限制在山海关以南，尽量避免与苏联红军发生摩擦。并且对伊朗、土耳其和希腊等地的危机，美国的主要对策是政治支持和经济援助。在真正可能发生美苏军队武装对峙乃至冲突的柏林市，各国无不万分小心。1946年末，旧的合作愿望已经消逝，新的重大矛盾尚未到来，柏林的盟军管制委员会暂时缓和了紧张气氛。苏联和西方三国的代表都学会了不要去管对方辖区内发生的事情。

苏联的对德政策举棋不定，西方盟国对驻守柏林的看法也游移再三。那时的西柏林虽处于冷战的焦点，却还没有像后来那样成为西方对抗苏联决心的一个象征。对于这块飞地，法国、英国乃至美国内部一直都有放弃的声音，因为一旦与苏联发生武装冲突，这块处于苏军包围之下的飞地完全没有防守的可能性。即使不发生战争，补给上的难题对西方盟国而言也是沉重的负担。不过，主张放弃者也希望找到一个合适的“时机”，以便“优雅地离开”。那么怎样才算是合适的时机呢？没有人说得清楚。官僚机构的一大特征就是希望一切“按既定方针办”，不出现重大危机就不动弹。然而要是真的出现了苏联要“赶走”自己的紧急情况，就更不能走了，因为那时的观感就成了西方盟国在苏联逼迫之下的“退却”。于是就这么拉拉扯扯，直到柏林封锁发生。须知树欲静而风不止，作为冷战的温度计，柏林怎可能置身事外？

图2 马歇尔调处国共(从左至右:张群、马歇尔、周恩来)

1947年1月,受命调处国共矛盾的美国前陆军参谋长、总统特使马歇尔黯然离开中国。四平大战之后,他虽然说服蒋介石发布了熄灭东北战事的6月停战令,但无力阻止国共双方在关内大打出手,当国民党军队置多方劝阻于不顾,于1946年10月11日攻占张家口之后,"和平已经死去"(梁漱溟语)。马歇尔虽未能完成使命,但他在中国的这一年并没有白白度过,中国的经济崩溃与中国共产党勃兴之间的联系给他留下了深刻印象,并引起他对欧洲的深深忧虑。用丘吉尔的话说,战后欧洲是"一片瓦砾,一个停尸房,一个滋生瘟疫和仇恨的地方"。在这样的形势下,法国共产党一度掌控着可以与戴高乐分庭抗礼的武装，意大利共产党则有望在大选中获胜。马歇尔确信，如果欧洲不能摆脱贫困和混乱，美国将无法遏制苏联的势力扩张。

离开中国后，马歇尔很快被美国总统杜鲁门任命国务卿，他立即组建了一个由凯南领衔的“政策计划司”，将主要精力从远东转移到欧洲问题上来。凯南认为欧洲经济最需要的煤、钢和机器都急需德国人来生产，所以必须将德国纳入欧洲复兴的整体计划之中。总之，德国不是苏联和法国所设想的那种汲取资源的地方，而是整个欧洲经济复兴的“火车头”。在凯南以及其他国务院成员的努力下，“欧洲复兴计划”（又称“马歇尔计划”）逐渐成型。1947 年 6 月 5 日，马歇尔在哈佛大学的毕业典礼上低调地宣布了这项计划。然而，正是这个貌似充满和平意愿的计划将美苏之间的矛盾表面化了，因为这意味着英美不再坐视德国的残破局面延续下去，决心绕开缺乏执行力的盟国管制委员会，独立主导西方占领区的经济复兴。

在西方盟国看来，苏联正在成为这场经济复兴的最大障碍。本来，为了顾及舆论影响，欧洲复兴计划并没有排斥苏联和东欧国家,但杜鲁门政府的确不想让苏联参与进来,因为此时由共和党把持的美国国会是不会同意向共产党国家输出援助的。于是美国暗示英国和法国,共同向苏联提出了交换经济情报等较为苛刻的要求。果然导致苏联担心丧失经济主权,不愿参与该计划,此举正中美国下怀。苏占区由此与西方盟国的占领区割裂开来,不能享受来自马歇尔计划的资本、信用和信心的注入,从而使德国的分裂在经济上成为既成事实。西方盟国的占领区则由此产生了逐渐合并为西占区的趋势,日后德意志联邦共和国的雏形渐渐成型,它在经济和政治上完全与法国和低地国家联合在一起。

不过苏联还有一张牌在手里,正是围绕这张牌的抢夺引爆了第一次柏林危机。

二、封锁柏林

1.斯大林摊牌了

迫使斯大林使用杀手锏的，是双方对“铸币权”的争夺。

在战争中，苏联获得了纳粹德国印刷货币的雕版，这使得苏联驻德军政府可以随心所欲地印刷帝国马克，由此引发的通货膨胀直接让香烟成了战后德国最流行的货币。这使战后德国的经济状况一直处在危机之中，杜鲁门1947年夏末收到的报告称，德国的“农业肥料不足，工业零件和原料即将用罄。运输部门拆散了旧的机车和货车来装配另一部分机车和货车……德国的粮食供应和工业生产远远落在西欧各国之后。如果德国不能作为一个健全的生产和消费单位而发挥应有的作

图3 战后的柏林黑市(除了市民之外,还可以看见苏军和美军的士兵)

用,我们就不能够重建自给自足的西欧经济”。西方盟国屡次试图在全德范围内改变这种状况,但难以提出一个能在盟国管制委员会通过

图4 B记马克

的方案。出于对与苏联合作的失望，更为了顺利推进马歇尔计划，西方决心在西柏林单独实施货币改革，将"B记马克"作为官方货币，从而在西方盟国占领区的范围内抢下了苏联的铸币权，也清晰地将德国划分成了两个经济体。

1948年春，美、英、法三国和与德国经济关系密切的低地三国（荷兰、比利时、卢森堡）在伦敦召开西方六国外长会议，并拟定出一个"伦敦方案"。该方案的主要目标是：实施货币改革，整合西方盟国占领区经济，并最终建立一个西德政府。

3月6日，伦敦方案发布之后，苏联开始不断加强对西方盟国运输队的盘查。3月20日，苏联代表退出了盟国管制委员会。30日，苏方正式通知美国驻柏林的军官，从4月1日起苏联将检查所有通过苏占区的美方人员的证件、货物和私人行李之外的一切物品。很显然，苏联试图用不断找麻烦的方式"挤走"西方盟国。

走还是不走？最后的决心需要由此时的西方"盟主"杜鲁门来下。在苏联的压力下撤退，当然伤及西方盟国的颜面，但杜鲁门所权衡的重心还不止于此。他认为，如果放弃实施货币改革，将导致德国这个欧洲复兴的火车头熄火，从而导致整个欧洲都有因经济不振而被“赤化”的危险。1948年4月，美国国会批准了欧洲复兴计划，马歇尔亲自飞往柏林看望克莱，向他解释该计划的经济和政治意义。

图5 苏占区D记马克

西方决定留下来。从6月中旬开始，西方盟国开始在自己的占领区内发行新德国马克，苏联也针锋相对地在苏占区内发行“D记马克”。6月23日，专供柏林使用的“B记马克”开始被引入西柏林。次日（1946年6月24日），苏军即断绝了西方通向西柏林的水陆交通。

“柏林封锁”开始了。

苏联的决心和手段超出了西方的预计。西方原本预计苏联将阻挠西方通向西柏林的军需运输，那么用空运来解决这个问题并非不能想象。

但现在苏军居然要阻止通向西柏林的民用需求，那么这上百万张口如何喂饱？每天取暖用的几千吨煤炭如何解决？如果强行用空运来解决，其花费犹如请全体西柏林市民餐餐下馆子、夜夜住酒店，西方又能支撑多久？如果苏联再逼一步，阻挠空运怎么办？

要权衡这些问题，杜鲁门需要再下一次决心。苏联人动真格了，美国人是否硬下去，有三个问题至关重要：第一个是自己的家底，他需要了解空军的实际能力和陆军对抗冲突的能力；第二个是盟友的态度，不能允许英法背着美国与苏联妥协的情况出现；第三个是德国人自己的态度，西柏林可能会在这个冬天陷于饥寒交迫之中，要是德国人自己意志不坚定，美国政府不可能在柏林不欢迎自己的情况下说服国会为空运行动拨款。

对于第一个问题，美国内部的意见是分裂的。驻欧洲美军总司令兼德国美占领区总司令克莱将军是坚定的留守派。克莱是一位美国参议员的儿子，这使他对政治的敏感性超越了一般的西点军校毕业生。他一直渴望在战场上建功立业，可自美国参加二战后他始终待在华盛顿负责军需品生产和供应。德国投降后,他本想参加对日作战,却无奈被派到了德国,却不想这里才是发挥他后勤组织特长的最佳地点。从4月开始,克莱已经在组织小规模空运以满足驻柏林美军的需要。面对新的挑战,他打电话给驻威斯巴登的美国空军欧洲地区指挥官李梅将军(就是那个将东京化为火海的李梅):“你们的飞机能运煤吗?”电话那一头半天没有吱声。过了好一阵李梅才缓缓回应:“抱歉,将军,不过你能再说一遍吗?”克莱重复了他的问题。李梅定了定神:“先生,我们空军能运任何东西。”于是克莱下了决心。

克莱的德国政策顾问墨菲也同意留守。他的核心论点是:苏联只是在吓唬人,而如果我们退缩,将严重挫伤欧洲人抵抗苏联扩张的信心。换句话说,美国丢失的将不是一个西柏林,而是整个欧洲。克莱基本同意苏联只是在虚张声势的判断,因此他建议美国直接派军队护送补给车队到柏林。要是苏联人武力阻拦怎么办,第三次世界大战会因此而爆发吗?克莱认为应该不会,但真的要爆发战争的话,还不如让它爆发在此时此地。

五角大楼的最初答复一定令留守派感到满

意:美国军方会尽一切努力支持留守柏林。但接下来的解释肯定会让他不快,这些“努力”的核心内容是将柏林驻军缩减为一个象征性的小部队,以求大大减轻长期空运的压力——他们甚至都不愿意去认真考虑通过空运来供给西柏林市民的可能性,并且推测苏联为了德国人的民心“应该会”供养西柏林市民。

杜鲁门赞同克莱和墨菲关于西柏林政治意义的判断,同时也信任五角大楼对美军空运能力的谨慎估计。作为紧急措施,他在6月25日的内阁会议上建议克莱推迟在西柏林发行B记马克,并考虑撤离美军及外交人员家属(这些建议都被克莱拒绝),在次日的内阁会议上又命令李梅将一切能找到的飞机都投入空运。

法国对西柏林的情绪比较纠结。作为西方盟国中的一员和马歇尔计划的受益者,法国当然支持美国坚守西柏林的努力。但如果真要让法国冒着与苏联开战的危险为柏林而战是绝对不可能的。法国的总体态度与五角大楼相似:场面上要撑住,找最合适的时机撤离。正如克莱4月2日向杜鲁门报告的那样:“法国现在态度坚定,但将来不一定靠得住。”果不其然，苏联封锁柏林地面交通当天，法国外交部长宣布法国将留在柏林，但同一天法国外交部官员又私下与美国驻法国大使通气，认为西方宣布“不惜任何代价”留守柏林是不合适的。不过，法国有表面的支持态度就好，反正它也派不出飞机参加空运。

英国的态度更加关键。英国外交大臣把撤离柏林视作向苏联投降，在苏联封锁柏林的次日就开始向柏林驻军空运给养。英国主要担心的是相对缺乏外交经验的美国人会莽撞行事，以至于主动挑起与苏联的冲突。他们注意到，苏联并没有干扰英美的空运行动，说明苏联想要的是让步而不是战争，因此英国并不赞同向苏联发出强烈抗议照会，并建议在空运期间积极通过外交手段解决问题。英国的声明和行动给予了美国重要的支持，在日后的英美联合空运行动中，英国贡献了约三分之一的运输量。

让英美空运援助“出师有名”的，是作为“人质”的西柏林市民们的决心。苏联红军在攻占柏林之后的行径已经不可逆转地给柏林市民留下了恐怖的印象。这一印象甚至拖累了德国共产党，使他们获得的选票比希特勒当政前夕还要少。1946年4月21日，苏联为了增强对苏占区的控制力，令德共与德国社会民主党在柏林海军宫合并成德国统一社会党(SED)。当时，能够自由投票的西柏林社民党党员以6:1的比例表示反对(19529票反对，2940票赞同)。社民党的这种拒斥态度让统一社会党无法拿下柏林市议会的多数：社民党得票接近50%，而统一社会党得票不足20%。1946年秋天柏林市长选举时，市议会全力支持最让苏方头痛的社民党人恩斯特·罗伊特。罗伊特是个曾受列宁青睐的老布尔什维克，早在1919年便当上了德共柏林市委书记，是德共的元老之一，但他在1922年因为对苏俄式的革命方式失望而重新加入社民党。1946年的市长选举之后，苏联占领当局不认可社民党所提名的罗伊特，但他已经成为柏林反苏势力的一个象征。1948年苏联开始封锁西柏林之后，罗伊特在克莱的办公室里向他表达了柏林人誓死为自由而战的决心。

促使杜鲁门下定决心的，可能还有他自己的考量。1948年是美国的总统大选年，而杜鲁门这个依靠罗斯福去世才住进白宫的现任总统选情并不看好。在丘吉尔1946年3月5日进行“铁幕演说”一个多月之后，美国的舆论开始日益倒向反苏的一面，“杜鲁门主义”正是在这种气氛下出台的。此时，杜鲁门更不能在选民们的目光下示弱，他急需一个激动人心的政治符号来提振选情。留守柏林和组织空运引发世界大战的可能性有限，毕竟关于空中走廊的协议是苏联正式签过字的，何况此时的美国还是世界上唯一拥有原子弹的国家。

在6月28日的白宫会议上，杜鲁门一锤定音：“我们要留下来，句号。”在他看来，这是美国无须讨论的正当权利，需要讨论是如何组织柏林空运，以及如何在舆论战中占据上风。6月29日，英美大规模的柏林空运开始了。6月30日，马歇尔代表美国政府公开宣示了留守柏林并以空运方式供给全体西柏林市民的决心。

2.空中之桥

如果说美国人低估了苏联拿柏林市民作“人质”的冷酷，那么苏联人则低估了美国人以“空中之桥”解决200多万市民生计的能力。这可不能怪苏联人思虑不周，若参考二战时的长时间、大规模空运，西柏林的形势实在不容乐观。

苏联人肯定记得，5年半之前，苏军于1942年11月22日围住了斯大林格勒附近的德国第6集团军，后至1943年1月22日才拿下德方控制的古姆拉克机场。这两个月期间德国空军第4航空队前后有超过500架运输机参与了前往古姆拉克机场的空运行动，然而平均每天能运到的物资不到100吨（包括食物、弹药和药品等），根本无法为这21万被围困的士兵提供最基本的食品供给，以至于苏联红军最后抓到的是9万多几乎饿毙的俘虏。

相比之下，苏联人不太熟悉的另一座“空中之桥”要成功一些。1942年3月，美国为了支撑中国继续抗击日本，在新德里成立了第10航空队，专门负责飞越喜马拉雅山为蒋介石政府运送军用物资——即著名的“驼峰航线”。1942年蒋介石希望每月能运到7500吨物资，即每天250吨，但最初几个月美方连这一需求也不能满足。后来随着经验的积累、更加科学的路线规划和中美飞行员忘我地工作(有时甚至一天飞三个来回),输送量从1943年起提升到了每月万吨以上,并在1945年7月达到顶峰。驼峰航运的最终成绩是:拥有640架飞机(不包括在驼峰空运中已损毁的594架)的美国第10航空队,在42个月里运送了约65万吨物资,平均每天515吨。

西柏林每天需要多少吨物资呢?在遭到封锁之前,每天运进柏林西占区的物资达15500吨。即使仅算最基本的食品供应,西柏林市民每天就需要900吨土豆、641吨面粉、105吨谷物、106吨鱼和肉、51吨糖、32吨动植物油、20吨牛奶、10吨咖啡以及3吨酵母粉,共计1868吨(谢天谢地,西柏林的供水并未切断)。煤炭、药品、汽油等必需品每天也要上千吨的运量(冬天更多)。其余的生活用品等虽不是万分紧急,但从长期看也必不可少。美方估算,要想坚持下去至少要保证每天4000吨的运量。

和平时期的空运固然不用考虑敌方火力拦截的问题(前提是你不要飞到空中走廊之外),但由于战后复员和保持战备的需要,驻欧美国空军临时能调动的飞机数量还比不上5年前的德国第4

航空队。美军敢于赌一把的底气在于单机运载量。德军在斯大林格勒战役中的主力运输机Ju-52的有效载荷只有1.5吨，在其运输的最高峰（1942年12月19日），德军一共飞了154个航班，却仅交付了262吨物资。相比之下，美军的C-47"空中列车"和C-54"空中霸王"运输机，有效载荷却分别能达到3.5吨和10吨。

图6 在滕帕尔霍夫机场参与搭建"空中之桥"的C-47

大规模空运开始后，李梅调集驻欧空军的全部运输机：102架C-47加上2架C-54——其中一些C-47还带着机翼上的三条白杠，那是4年前诺曼底登陆空投伞兵时的涂装。如果这批飞机聚

图7　C-54,即后来新闻照片中有名的“糖果轰炸机”

齐,理想状态下一个来回能运326吨物资,每天飞两个来回就有652吨。因此最初克莱估计美军每天最多能空运700吨物资。事实上,苏联封锁柏林后的最初的48小时里,柏林得到的支援还不如斯大林格勒,美国飞机一共只运来了80吨面粉、牛奶和药品。随着美国空军将部署于世界各地的运输机陆续调往欧洲,特别是调入了更多的C-54,每架次的平均运输量从2.5吨提升至5.1吨,7月下旬英美航空队的空运总量提升至每天2400

吨。这个数字虽然能让柏林人不至于饿死，还远不能满足柏林市民未来冬季取暖的需求。因此很多美国官员认为，这只能为外交谈判争取时间，空运最多可撑到10月份。

就在此时，时任美军总参谋部计划与行动处主任的魏德迈将军来到柏林视察。二战后期，魏德迈曾取代与蒋介石闹不愉快的史迪威担任美军的中国战区总司令。二战结束后，与蒋介石合作默契的魏德迈本已订制好上任美国驻华大使的礼服，岂知马歇尔为了调处国共矛盾而力荐形象温和的司徒雷登担任此职。魏德迈只好回到总参谋部任职，这次调动与魏德迈在中国的经历可能改变了柏林空运的历史。魏德迈在柏林与克莱长谈之后，向华盛顿发出一份给美国空军总参谋长范登堡将军的密信，要点有二：第一，以空运的方式供应柏林是可行的；第二，要取得成功必须用中国战区所采用的那种方式。他推荐了“驼峰航线”后期的卓越指挥官威廉·滕纳担任柏林空运总指挥。滕纳于1943年6月30日接手“驼峰航线”后为航线引入了道格拉斯C-54，他还制定了维护航线和飞行安全计划，在将致命事故率降低75%的前提下，将运送吨位和飞行时间增加了一倍以上，他懂得如何发挥C-47和C-54运输机的最大效能。

在1948年7月28日滕纳接到任命之前，柏林空运任务主要是由李梅将军手下的美国空军部队完成。滕纳飞抵德国之后，不由得对眼前的场面不住地摇头。他把7月的空运称为“西部牛仔式的行动”。飞行员和地勤人员都很努力，却几乎没什么人知道自己第二天要干什么，没有计划表，一切都是临时凑合。在柏林的滕帕尔霍夫机场，他看见德国志愿者在汗流浃背地卸货，而十几个飞行员在休息室等待，还有更多的飞行员在吧台喝咖啡、吃零食、抽烟、闲聊、大笑。这些人怎么才能知道什么时候该起飞呢？没有人有时间表。

图8　正在搬运物资的德国志愿者

滕纳在视察之后认为，美国空军是优秀的战斗队伍，但对组织空运而言则完全是外行，李梅、克莱乃至整个欧洲在那时都不知道战略空运的真正威力。滕纳带来了一大批自己在驼峰航运时期带过的老部下，这些来自美国军事空运服务处（MATS）的精英在西藏的寒风中积累了丰富经验。尽管美军从威斯巴登飞到柏林的空中走廊是最长的，但是歌德、海涅笔下女巫飞舞的哈尔茨山与喜马拉雅山相比，只是一片美丽的绿色丘陵。

但滕纳需要再过几天才会明白，并非所有的困难都是组织者业余造成的。德国北部的天气当然不像"驼峰航线"那样严酷，却常常形成局部的小气候，刚才还晴朗的天气会突然之间变成完全无法辨识方向的浓雾或大雪，令不习惯完全依靠仪表飞行的飞行员手足无措。1935年建成的滕帕尔霍夫机场设施齐备，却太靠近市中心，周围还有不少高层建筑。北德变幻莫测的天气让滕纳到任不久就迎来了一个惨痛的"黑色星期五"。8月13日，柏林空中的浓云一直压到了高楼顶上，大雨又使机载雷达失效。但为了给空运中的功勋人员颁发奖章，滕纳还是飞到了柏林滕帕尔霍夫机场。突然间，一架准备降落的C-54

图9 最终于2008年停止运行的柏林滕帕尔霍夫机场(Flughafen Berlin-Tempelhof)是少见的毗邻市中心的机场

就在他眼前撞向地面,化作了跑道上的一团火焰。后面一架运输机距离前机很近,飞行员拼命避开火堆,却导致轮胎爆裂。第三架飞机慌忙降落在刚刚修好的备用跑道上,结果栽了个大跟头,一侧机翼损毁。

此时,后到的飞机还在源源不断地赶来,却再也不敢降下来。很快就有20多架运输机层层叠叠地在机场上空的云雾中盘旋,他们腾挪的空间非常有限,而他们只要飞出“空中走廊”的范围就有被苏军防空部队击落的危险。如此情况下,驾驶舱外却什么都看不见,这群平时胆大包天的飞行员也忍不住惊慌到“牙齿打颤”。地面上的指挥也慌作一团，一面清理跑道，一面呼叫正要起飞的飞机停止行动。滕纳似乎即将要亲眼见证自己空运体系的崩溃，“我简直气得能一口啃下我奶奶的脑袋”，他后来回忆到。

在千钧一发之际，他呼叫塔台，下了一个至关重要的指令：“我是滕纳，你们让每架飞机都原路返回自己的基地，等他们安全降落后通知我。”

这个危机之下的简短指令，创建了今后一年柏林空运中的一个核心规则：任何错过进场的飞机都应立即通过空中走廊内中央环线的出口返回自己起飞的机场，并在整个空运中视作正常离场，等到了基地再更换机组人员开启另一轮正常航班。与此同时，所有的飞机无论雨雪阴晴、白天黑

图 10　滕纳式空运

夜都必须依据仪表飞行，以保持相同的速度、间隔和高度。

为了将效率发挥到极致，他还规定飞机降落到柏林的机场后，机组人员不得以任何理由下机休息，从而消除了以往"你等我、我等你"，结果半天开不走飞机的情况。通过优化装卸方法，拼命工作的德国志愿人员能在10分钟内将载重10吨的C-54卸货完毕，所以机组人员也等不了多久。

由此滕纳架设了一套在空中川流不息的工业流水线。这套看上去机械死板却简单易懂的规则大大降低了事故率。而且滕纳虽崇尚科学的方法和严格的纪律，却并不是一个老顽固。为了把这群棒小伙牢牢钉在驾驶座上，他设法从德国红十字会请来一批既漂亮又爱笑的柏林女孩，让她们乘坐卡车依次给落地的飞行员递送零食、饮料。

效果极好。

在装备方面，滕纳也有了新工具。就在"黑色星期五"次日，有效载荷达21吨"环球霸王"的C-74运输机首次执行柏林空运任务，向柏林运送了20吨面粉。9月18日，该机机组人员在24小时内连续6次飞往柏林，共运送了113.4吨煤，创下了

图 11　C-74 的运载量超过了 20 吨(拍摄于 1948 年 8 月 19 日)

空运特遣队的新纪录。

在滕纳的指挥下,柏林空运逐渐走上正轨。8 月份,英美航空队的运输总量达到了日均 4000 吨,9 月日均 4653 吨,10 月日均 4919 吨。至此柏林的物资库存开始不断增加,柏林人度过了最危急的阶段。

紧张的气氛和缓下来,记者们也有空去挖掘更精彩的故事,比如美式主旋律宣传的经典之作:“摇翅膀叔叔”。广为流传的故事是这样开头的:有一位叫霍尔沃森的美国飞行员在完成运输任务后,偶尔给了机场附近的孩子们两个泡泡糖,孩子很感激。于是他第二天到机场分发了更多泡泡糖。

如果了解滕纳的空运规则就会发现，这样的事情是不可能发生的，因为执行空运任务的飞行员不能离开驾驶座。滕纳在回忆录中披露，出生在犹他州的霍尔沃森在参军前就很爱与孩子们打成一片。服役后，霍尔沃森当上了运输司令部的飞行员，正好有机会在工作中经常接触来自非洲、巴西的孩子。他不抽烟、不喝酒，但爱好糖果和口香糖，平时口袋里总是装满糖果。他第一次在柏林发糖果那天没有执行任务，本来就是去柏林市内闲逛。结果他天然的孩子缘让一大群柏林儿童围上了他，语言不通的两群人比比划划地谈了一个多小时。他发现这群柏林孩子与他此前遇到的孩子不同，他们根本不向他要

图12　宣传图片上正在给糖果挂小降落伞的“摇翅膀叔叔”霍尔沃森（Gail Halvorsen）

糖，但他看得出他们并不是不饿，而是这些孩子习惯了自制并且很害羞。于是他把兜里的糖果全拿了出来，而且承诺明天会再带糖来。但霍尔沃森次日不会再有第二次闲逛的机会了，于是他回去后急忙用手绢做了几个小降落伞，第二天执行任务时将它们在降落前抛了出去。到了第三天，他发现一大群孩子们已经等在机场旁边，而且他们早已熟悉这架会事先摇动机翼的飞机。

霍尔沃森的奇遇很快传遍了整个中队，甚至连总指挥滕纳也有所耳闻，他接见并鼓励了他。在此之后，霍尔沃森送糖的规模越来越大，以至于需要其他飞行员帮助。关注空运的美联社记者据此写成了一篇轰动一时的新闻：《柏林上空的糖果轰炸机》。霍尔沃森还被请回美国，作为嘉宾参加最流行的广播节目。听众反映空前强烈，美国人开始给他们中队寄送带着手绢降落伞的糖果。

在燃眉之急解决后，空运可以将更多的建筑材料带进柏林以修建新的机场。没有什么地方比泰格尔机场的建筑工地更能体现德国志愿者在这场空运中的重要性——位于原法占区的泰格尔机场于1948年8月5日开工，仅仅3个月之后，总重量28吨的C-54已经可以在新机场上起降，直至今日它都是柏林的主力机场。

新增加的运量甚至可以惠及柏林的绿化：飞行员们为提尔加藤公园运来了第一批新树种——在1948年的冬天，无煤取暖的市民早已将这里的树木砍伐一空。

到了1949年4月，滕纳决定充分展示一下手下们的实力。他下令在复活节当天所有的飞机只运煤炭，24小时不间断出动，一共飞了1383个架次（即平均一分钟左右起降一架飞机），运了12941吨煤，而且未发生一起事故。美军将这次实力展示称之为“复活节大游行”，此后美军也保持了每天约9千吨的运量。

图13 功成名就的滕纳登上《时代周刊》封面

苏联的威胁彻底失效了。

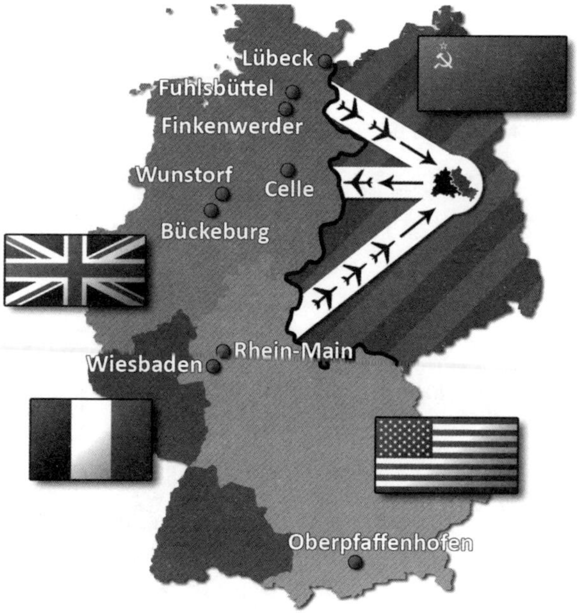

图 14　柏林封锁期间的“空中之桥”

3.第一次柏林危机的结束

柏林空运的成功，让英美的对苏外交充满底气，并且不急于达成协议。苏占区政府于6月24日封锁西柏林时用的理由是“技术障碍”。这层掩饰还需要克里姆林宫揭去。8月2日，斯大林接见了美英法三国大使，声称封锁柏林是为了防止德国被分裂为两个国家。他要求西方盟国重新考虑“伦敦方案”，不然它们就将失去留在柏林的合法基础。

然而美国不但没有妥协，反而大举增兵西欧，并将B-29战略轰炸机调往英国，做出准备打核战争的样子——而苏联这时候连一枚核弹也没有。与此同时，西方也对苏占区的实施了反封锁，令苏联无法进口紧缺的钢材和煤炭。

至此，苏联封锁柏林早已得不偿失。1949年1月27日，美国国际新闻社社长史密斯采访斯大林，乘机提出了解除柏林封锁的问题。斯大林的立场有所松动，他没有再直接否定西占区独自建国的可能性，只是表示如果西德推迟建立的话，苏联政府将取消交通管制。

图15　柏林封锁的解除——1949年5月11日，人们在清除柏林弗里德里希大街上的路障

斯大林做此表态之后,剩下的就是职业外交官们的工作了。3月,美苏两国的驻联合国代表经过多轮沟通,最后确定了以西方同意召开四国外长会议以换取柏林解封的方案。1949年5月12日,满载着“关怀包裹”(CARE)和西方记者的卡车穿过苏占区进入柏林,第一次柏林危机结束了。

斯大林看似失败了,其实他没有输掉任何他自己真实关心的东西,与伊朗危机、土耳其危机的结局一样,一切只是恢复原状而已。

从花费上看,为了这个“原状”而付出巨大代价的是西方。为以防万一,柏林空运一直持续到1949年9月份,这座“空中之桥”的“建造费用”超过2.24亿美元(1948年美国全年的军费也只有91亿美元)。值得吗?

相比于灰溜溜地撤出柏林或与苏联开战这两种结局而言,以这个代价维持现状显然是上算的。但西方获得的还远远不止于此。苏联的敌意让整个西方结成了紧密的同盟,在柏林封锁的阴影下,美国、英国、法国、意大利、加拿大等国于1949年4月4日在华盛顿签署《北大西洋公约》,其第五条规定“对任何缔约国的武装攻击都应视为对全体缔约国的攻击”。

图16 为以防万一，柏林空运在封锁解除后仍然进行了四个月（拍摄于1949年7月26日）

比北约成立更具历史意义的事实，是“西方”的范围空前扩大了。作为当时世界上五大工业中心之一的德国，其西部国土从此牢牢与西方连接在了一起。

在马歇尔计划刚刚启动时，美国国务院的许多官员依然很担心。一方面，美国拨款支持英国、法国复兴还好说一点，但在二战硝烟刚刚散去的时候，让美国纳税人去支援德国人真的可行吗？仅仅3年之前，美国的战时宣传还将德国人塑造得如同魔鬼，而纳粹的集中营和大屠杀足以让大多数美国人相信事实的确如此。另一方面，美国的情报显示，大多数德国人在战败后并没有什么悔罪的意识，更多的只是自怜，认为自己是战争的受害者。普鲁士-德意志数百年来的军国主义传统真的能被战后那几个月的“非纳粹化”、“非军事化”消除吗？如果德国复兴，真的能成为“自由世界”对抗苏联的可靠盟友吗？

柏林封锁开始后不久，这些疑虑都烟消云散了。德国西部和西方国家形成了一个拥有共同敌人的同盟。

早在柏林封锁开始前一年，美国已经在向饥寒交迫的德国人寄送“关怀包裹”。每个美国人花10美元就可以为自己在欧洲的熟人送上一个装满牛肉罐头、人造黄油、干果、咖啡和巧克力的包裹。柏林危机开始后，60%的“关怀包裹”被送往柏林，总量达50万个之多。而且此时寄送的包裹早已超出“熟人”的范围，有成千上万的美国平民愿意捐出10美元来，将包裹送给素不相识的德国人。

英美为柏林付出的代价远远不止金钱。1948年7月24日凌晨，一架C-47运输机坠毁在柏林，两名美国飞行员丧生。随后的1年里，又有29名美国飞行员和39名英国飞行员殉职。昔日的对手为了帮助自己而付出生命,令德国人为之动容。这些援助、牺牲与“摇翅膀叔叔”的故事一起,一点一滴地化解着双方因二战而产生的敌意。

这场柏林危机让德国人意识到,在西方与苏联之间的对抗中,自己无法置身事外。柏林封锁刚刚开始的时候,西柏林居民并不担心俄国人真的要饿死他们,这类威胁总是做做样子,家里还有些存粮,外交官们应该会在某个夏夜达成协议吧。然而家中的存粮一天天变少,西方与苏联之间却看不出丝毫要妥协的迹象,柏林人开始关注每日空运的吨数了。一开始叫人心烦的飞机引擎声,现在却成了令人安心的福音,再没有什么比寂静无声的天空更使人忧虑的了。

危机迫使德国人更加严肃地看待冷战并参与其中。没有德国劳工(其中40%是女工)夜以继日的辛勤劳动,柏林泰格尔怎么可能在3个月内启用?要知道,意在取代泰格尔机场的柏林新机场修了整整15年(2006年动工,2020年10月底投入使用)。除了修建机场外,柏林的志愿者们承担着各个机场的卸货任务。那时并没有自动化的装卸设备,每包面粉都由志愿者的肩膀扛下飞机,每一架飞机只给10分钟。冒着生命危险的并非只有飞行员,柏林的志愿者也有15人在空运期间牺牲。除了直接参与空运工作的志愿者外,每一个西柏林人都在参加这场生存斗争。后世在讨论柏林封锁时往往忽略了一点:苏联人虽然封锁了西方盟国前往柏林的水陆通道,但柏林城内是没有封锁线的。柏林西占区的民众随时可以像后来的东德人一样"用脚投票",但他们当中的绝大多数宁可忍饥挨饿也不愿去苏占区。他们尽量保持着最低的饮食量,忍受缺乏燃料的寒冬。"你们看看这个城市吧!"代表他们抵抗精神的市长罗伊特在残破的国会大厦前发表演说,呼吁全世界都来帮助柏林人逃脱苏联的虎口。

而对西柏林之外的西占区居民而言,所得远远超过失去。用柏林封锁换来的货币改革成了国家复兴的起点,它的巨大成功超出了最乐观的估计。新德国马克推出的第二天,一直空空如也的商店里就变得琳琅满目,进城赶集的农民们端出了整篮整篮的鸡蛋,各地的工厂陆续开始冒烟,马路上的车辆忽然间川流不息。再成功的货币也不能将商品在一夜之间生产出来，这样的魔幻场景说明战后德国的最大问题并不是贫困，而是人们对未来没有确定的预期，所以他们倾向于囤积商品、保存体力。一旦出现了相对坚挺的货币，人们便很乐于出售自己的货物和力气，再用换来的坚挺货币去消费自己心仪的商品和服务。经济进入正循环后，德国工人和工程师的高素质很快体现出来，一段后来被称作“经济奇迹”的时代就此开启。

图 17　1948 年 6 月 20 日人们在汉堡兑换新货币

对德意志民族而言，柏林危机还有更加深远的意义。是否融入以英法为代表的西欧文明，德意志人徘徊了几个世纪。从拿破仑时代开始，每当遭遇挫折，德意志精英们总是设法改革旧体制，进一步拥抱西方文明；而每当略有小成，他们中的许多民族主义者又开始强调走“德意志特殊道路”，嘲笑英国人的“商人做派”。战后的冷战形势，特别是第一次柏林危机彻底终结了这场徘徊。与切身安全和经济繁荣相比，虚幻的统一已经不值得留恋。经过了柏林危机，更多的德国人选择倒向西方一边：在那些心思单纯一些的人眼里，在这场对抗中不顾及柏林人死活的苏联显然是邪恶的一方；对于那些比较世故的人而言，英美在柏林空运中所展现出的强大实力，让它们成为更加值得依靠的对象。在苏联解除柏林封锁后的第11天（5月23日），西占区各州州长和议长签署了宪法性文件《基本法》。从此日起德意志联邦共和国（简称联邦德国，又称西德）正式成立，并在随后的40年冷战岁月里都站在西方阵营一边。

西德精英融入西方的决心如此之坚定，甚至斯大林在1952年3月突然抛出照会，声称以各方从德国撤军为条件解决德国统一问题的时候，西德总理阿登纳眼也没眨就予以拒绝，并视此为斯大林离间西方和阻止西德加入北约的阴谋。从这个意义上看，1948年柏林危机在德国历史上的意义可以比肩1848年革命，而它令西德政治精英做出了与100年前的先辈不同的选择：奉自由高于统一。

三、柏林墙

毛泽东：您见过我们的长城了吗？那是一堵很长的墙……

乌布利希：我们也有这样一堵纵贯德国的墙。

——1956年9月23日下午，来北京旁听中共八大的乌布利希会晤毛泽东时的对话（乌布利希当然不是在说“柏林墙”，他只是在用“墙”来比喻东德的武装力量。他也许没有想到，五年之后，真有这样一堵墙纵贯柏林）。

1.东德的失血口

在经历了“柏林危机”之后，美苏这对昔日盟友之间的信任已经荡然无存，双方都在自己的控制区内，与认同己方意识形态的德国人一起，展开了一场仇视对方阵营的宣传大战。苏占区指责美国的货币改革是要分裂德国，西占区指责苏联封锁柏林是蓄意制造人道主义灾难。针对德国已经分裂的既成事实，斯大林别无选择，只能设法也弄一批“我们的德国人”。

其实早在战争结束后不久，老谋深算的斯大林已经为这种结局做了许多准备。在苏占区，引导德国人走上社会主义道路的任务落在了九死一生的德国共产党员身上。他们有的在斯大林的“大清洗”中幸存下来，随苏联红军一起返回，有的结束了在西方盟国的流亡跟盟军一同到达，还有幸存者蹒跚地从纳粹的集中营里走出。而被斯大林挑出来主宰东德的，是二战中在苏联担任瓦解德军

图18 瓦尔特·乌布利希(Walter Ulbricht)，照片拍摄于1950年

工作的德共党员乌布利希。

为了标榜“民主”，苏占区在盟军占领区中最早开始解禁德国政党，尽管最先被解禁的是德国共产党。此时的德共已经在斯大林的授意下制定了全新的方针。以“乌布利希小组”为核心的德共中央宣布：战后的德共成员将来自“全体劳动人民”，包括农民、职员、公务员，乃至各类中产阶级成员和宗教信徒。德共还宣称在当前条件下要强迫德国走苏联式的社会主义道路是错误的，他们的目标是建立“议会民主制的共和国”；在经济领域，德共强调自由贸易和保护私有财产。除此之外，德共还以结成“反法西斯统一战线”的形式，将资产阶级政党基督教民主同盟和自由民主党笼络在自己周围。“乌布利希小组”的一位成员记得乌布利希在一次内部会议上明确说过：“我们所要建立的政权必须看上去是民主的，而实际上一切都要抓在我们手中。”

为了在“议会民主制”的政权中取得执政的合法性，德共与苏占区的社民党合并为德国统一社会党。以乌布利希为代表的原德共党员掌控着新党的实权，而来自原社民党的格罗提渥等人后来在政府中身居高位。然而此时两党之间的结合尚不稳定。当统一社会党在1947年宣布拒绝加入马歇尔计划时，许多党员对此表示不能理解。但此时的政治气氛已经迥异于战后初期，相对于“理解”，“服从”才是党内的美德。

柏林封锁结束后，就在联邦德国成立的那个星期（也是中华人民共和国成立的那个星期），德意志民主共和国（简称民主德国，又称东德）于1949年10月7日正式成立。由德高望重的德共元老威廉·皮克出任总统，而党的总书记乌布利希实际掌权，其他的“民主党派”可以出任副部长，或其他非强力部门的部长。在人民议院的选举当中，统一社会党通过组建“国家阵线”来实现对其他“民主党派”和群众组织（如工会）的控制。“国家阵线”由党派联盟组成，包括了统一社会党、基民盟、自民党、农民党等几乎所有重要政党。在选举中选民们只能对着“国家阵线”提出的统一名单投票，所以赞成票通常都超过99%。选举结束后，再由统一社会党分配各个政党在人民议会中的席位。用这种方式，统一社会党实现了乌布利希对同志们的诺言：“一旦我们建立了政府，我们就绝不会再放手。”

但要想保持权力并不是件容易的事,1953年统一社会党迎来了执政以来的最大考验。1949年后,东德经历了一轮“苏联化”的改造。战后初期德共曾经发布过不宜照搬苏联道路的口号,而现在政府的宣传口号是:“向苏联学习,就意味着向胜利学习!”在大学里,马列主义、俄语和“苏联学”成为必修课。在农村,没收容克地产的土地改革和建立生产合作社的农业集体化运动相继开展。在经济方面,苏联的计划经济体制被全面引入,而且执行得比苏联更加严格。结果,建国初期的经济很快也有了苏联的特色:重工业发展迅速,而消费品生产严重不足。在政治方面,对斯大林的个人崇拜与所有的苏东国家一样疯狂。1953年3月5日,斯大林突然去世,整个苏东阵营一下子人心惶惶。是年6月,统一社会党决定在不加工资的情况下提高工人的生产定额,引发了6月16日柏林建筑工人的罢工行动。在政府拒绝了建筑工人的要求之后,17日的一场更大的罢工和游行活动席卷了整个东柏林,而且还扩散到了其他东德城市。正当乌布利希手足无措的时候,苏联驻德部队用坦克平息了这场政治风波。

“六·一七”事件之后，统一社会党得到了教训，一方面开始放慢“苏联化”的步伐，重视提高人民的物质生活水平。另一方面，统一社会党加强了对社会的控制，特别是强化了国家安全部（即“史塔西”）的职能。在对内控制方面，高新科技的应用、精神压迫手段的运用和庞大的“线民”队伍，堪称“史塔西”的三大法宝。其中的“精神压迫手段”是指通过暗中控制目标人物的信息来源、工作环境、升迁渠道、同事关系、社会交往和家庭因素等方面，实现打击目标人物反抗意志或转化其为“线民”的目的。

在此环境下，那些对统一社会党政权感到绝望的东德居民，只能设法踏上了逃亡之路。

50年代，联邦德国的“经济奇迹”使得处于扩展阶段的雇主们愿意用高薪吸引相对稀缺的劳动者。薪酬水平和生活水平上的差距，使得“到西边去”的冒险对于东德的年轻人充满吸引力。在冷战格局下，他们的“弃暗投明”之举一直受到联邦德国政府和社会的欢迎。按照联邦德国宪法，所有生活在“苏占区”（指东德）的德国人都是联邦德国公民。因此，逃亡者除了没有语言、文化障碍之外，也几乎没有公民身份等法律问题。成功到达西柏林的逃亡者，可以先到由联邦德国政府设立的居住点安身，并接受一些基本的身份核查，不久之后就可以像其他公民一样开始自由生活。他们原来的文凭和教育经历都受到承认，有一技之长者不愁找不到工作。更不用说，他们中的许多人还有亲朋好友可以投靠。正是因为这些便利性，1950年，共有近20万人离开了东德，1951年有近16.5万人，1952年有18万多人。

这股"逃离共和国"的风潮在此后的数年里稍有缓和，不久后却因为新的经济困难而大大加剧。1957年莫斯科会议之后，社会主义阵营中出现了一股"赶超资本主义国家"的热潮，赫鲁晓夫声称苏联要在15年内赶超美国，毛泽东宣称中国要在15年内赶超英国，东德的乌布利希也宣称东德要在1961年赶超西德。1958年德国统一社会党在自己的"五大"上提出："到1961年在食品和主要的工业消费品按人口平均的消费量方面赶上和超过西德。"可是，实行计划经济的民主德国，在与实行"社会市场经济"的联邦德国的这场"和平竞赛"

中，完完全全地失败了。

东德领导人希望用政治动员式的“农业集体化”来谋取高速发展，让农业向“工业化生产方式”过渡，甚至一度对中国“人民公社的发展，怀抱着很大兴趣”。1956年民主德国国营农场和合作社所占比例是17%~18%，到了1959年9月已达52%。民主德国最后没有办人民公社，是因为在推进“农业生产合作社”（LPG）时，已经在农民那里遇到了极大阻力。而且农业集体化并没像预想的那样提高了生产效率：1959年，一头私人养的奶牛平均每天产奶3.246公斤，而进了“农业生产合作社”的奶牛仅仅产奶2.529公斤。详细的统计结果甚至显示：越是集体化搞得积极的地方（如新勃兰登堡地区），生产越是上不去。为了实现自己在党的“五大”上说的大话，乌布利希甚至将算盘打到了中国身上。他在1959年5月初陪同来访的彭德怀察看东西柏林界线时，提到西德已经把人均肉食年消耗量提高到了80公斤，他希望彭德怀“替他转达并争取一下，中国向他们大幅度增加肉食出口，使东德人年均肉食量能在年内接近70公斤。”彭德怀听后沉默许久，答应转达,但劝乌布利希不要太指望中国,因为中国还有人在挨饿。

乌布利希根本听不进彭德怀的劝告,被逼入绝境的他甚至不顾赫鲁晓夫的忌讳,于1961年1月命政治局委员马特恩去中国求援,希望中国能用农产品抵偿对东德的贸易欠账。马特恩随身带着一封乌布利希给毛泽东的信,内称因“西德劳动人民的生活水平始终较高,这使波恩政府能够顺利地从德意志民主共和国诱骗劳动力”,为此民主德国急需中国的帮助。对于这次访问,东德人甚至连苏联人都想瞒过,飞机没有按惯例在莫斯科过夜,事后也仅仅告诉苏联有一个民主德国的贸易代表团到了中国,对马特恩只字未提。

到了北京,马特恩才了解到此时的中国也早已陷入极度的经济困难之中,周恩来最初拒绝了德方的“要账”。但马特恩接下来情词恳切地说:“周恩来同志,我们大致了解你们的困难,在正常情况下,应该是谈如何帮助你们的问题。我们政治局在人造黄油方面几乎没有出路,我们没有外汇,濒于破产,不能偿还资本主义国家的债务。你可以相信,只要能有另外一条出路,我们就不会到这里来谈这个问题，谈欠交问题。”最终周恩来在痛斥了一番德国人的自私自利之后，答应在1961年上半年出口德国2万~3万吨大豆。这样的结果已令马特恩喜出望外了。然而这批大豆要7月才能装船，等到达东德，应是8月中旬了。

可是需要解决的问题迫在眉睫。在局势紧张的1961年，每个月从东德逃离的人多达3万~5

图19　8月13日，手握苏制冲锋枪守在勃兰登堡门前的“工人战斗队”

万——按照这个速度，20年内东德就剩不下什么人了。相对于两个德国之间严密设防的1381公里边境线，可以自由通行的柏林成了整个东德的失血口。大量青年技术人员的丧失，犹如切开了东德的动脉，造成了经济上和政治上难以估量的损失。尽管东德可能因此而“失血而亡”，但封闭这个失血口远不是东德政府能够决定的事情。只有找到一个更为诱人的理由，才能让俄国熊伸出爪子来为其火中取栗。

2.赫鲁晓夫的“最后通牒”

就在马特恩前往中国的同时，1961年1月乌布利希也给赫鲁晓夫写了一封长信，其中令人不快地提醒对方：“自从赫鲁晓夫同志在1958年11月声言解决西柏林的问题到现在，已经过去两年了。”乌布利希强调东德政权已经因为居民逃亡的问题而被逼到了生死关头，他还暗示正是苏联在战后对德国东部地区的拆卸和榨取使得东德人不断逃向更加富庶的西德，因此他呼吁苏联人现在要帮东德止住出血口，终止战后盟国占领西柏林的权利并逐步迫使西方国家撤军。

赫鲁晓夫不是第一回见识乌布利希的“大喇叭”了。早在二战时两人就在一起共事过，他还常常嘲笑负责招徕德军投诚的乌布利希喊不过来几个人，连“晚饭钱”都没有挣回来。而现在乌布利希在他耳边不停嘀咕的事，是自己的人都被别人喊跑了。

但赫鲁晓夫主要操心的还是自己的事情。1956年苏共二十大上的“秘密报告”捅出了“波匈事件”的大篓子，使得莫洛托夫、卡冈诺维奇等一班元老得以在1957年6月向赫鲁晓夫“逼宫”。若没有朱可夫元帅调飞机运来全国的中央委员，这场政变险些成功。除了萧墙之乱，赫鲁晓夫还需应对来自中国的挑战。中共此时虽然基本跟随了苏联对斯大林的批评，调子上却有所保留，并且毛泽东在1957年莫斯科会议上舍我其谁的气概，让各国共产党人觉得天上正在升起两个太阳。

为了巩固苏联的盟主地位并证明自己批判斯大林并非是要动摇苏联的社会主义路线，赫鲁晓夫急欲取得与美国对抗之中的成就。1957年发射的“斯普尼克”卫星让他以为苏联在核军备竞赛中已经取得了压倒西方阵营的优势，但1958年3月联邦德国的联邦议院通过了用核武器武装本国军队的议案又让他有了紧迫感。

北约的战术核武器都已经推进到苏东阵营的家门口了，苏联提出的“中欧无核区”却很快遭到联邦德国的拒绝。在阿登纳政府看来，“中欧无核区”跟从前苏联提出的“德国中立化”的提议并没有什么本质区别。而赫鲁晓夫看到的却是：超级大国的建议居然再次被昔日的手下败将拒绝，看来不下狠手捏一下让西方尖叫的部位——赫鲁晓夫称柏林是西方国家的睾丸，他们永远也不会尊重苏联的意愿。

柏林是苏联人的心结，牺牲了十几万苏军才打下来的，凭什么让西方国家驻兵？赫鲁晓夫自己也认为，当年的四国分区占领方案不是依据对德作战的贡献，而是依据现实实力的对比制定的。而苏联之所以实力不济，完全是因为英美迟迟不开辟第二战场，坐看苏德相互消耗的结果。如果赫鲁晓夫能够干成斯大林在1948年封锁柏林时干不成的事情，对整个社会主义阵营的鼓舞，无疑将远远超过刚刚遨游太空的尤里·加加林。再也没有人会质疑赫鲁晓夫提出“和平共处”是出于对西方的畏惧,他在苏联和整个社会主义阵营中的地位会稳如泰山。

1958年11月27日,苏联照会英、法、美三国,宣布解除四国占领柏林的现状,要求在6个月内就柏林的自由市地位问题达成协议,否则苏联将与东德单独缔结合约。也就是说,苏联有可能将整个柏林的治权转让给东德政府,从而取消西方盟国在柏林驻军和自由前往柏林的权利。

对于这份“限期撤离”的最后通牒,西方三国还是跟1948年一样拒不接受。不过,艾森豪威尔总统抛出了一个新建议,他有意让赫鲁晓夫成为第一个访问美国的苏共总书记。这个姿态让赫鲁晓夫松了口,但他1959年9月的美国之行没有谈出个所以然来。赶赴中国参加中国国庆时,又因中印边境冲突的事情与中共领导人大吵了一架。憋着一口气的赫鲁晓夫死死盯着柏林,将柏林问题与他的威望捆绑在了一起。如此一来,乌布利希的期盼就有眉目了。

与刚毅坚卓的艾森豪威尔不同,1961年新上任的肯尼迪总统潇洒得好像刚从俱乐部里走出的花花公子，就犹如他的娇妻仿佛杂志封面上走下的时装模特。在这个与自己长子同年出生的新总统身上，赫鲁晓夫看到的是一个不同寻常的机会。不过，他的起手异常柔和。1月初，赫鲁晓夫让苏联驻美大使将自己的信带给新总统，表示自己非常期盼尽早与新总统展开会谈，以妥善解决“包括西柏林的问题”在内的诸多分歧。在肯尼迪宣誓就职的次日，即1月21日，他又送上一份大礼——释放美国RB-47侦察机上的两名被苏联生俘的飞行员，并归还另一位死亡飞行员的遗体。

赫鲁晓夫的这番良苦用心换来了什么呢？在1月25日的国情咨文中，肯尼迪斥责了苏联和中国想要“统治全世界”的野心。仿佛是为了给总统坚持对抗共产主义扩张的决心加一个感叹号，美国于2月1日试射了一种全新的固体燃料洲际导弹——“民兵”。

赫鲁晓夫气坏了，但他并不知道是自己1月6日的一篇讲话导致了肯尼迪的过激反应，那篇讲话的主要目的其实是与中共争夺第三世界革命斗争的领导权，所以才用号召落后地区的人民拿起武器“反抗压迫者”，用解放战争赶走美帝国主义的势力。这显然是赫鲁晓夫为了巩固自身地位而说给苏东阵营内部听的，然而冷战时代一再出现这种黑色幽默一般的“误会”。

从2月起，赫鲁晓夫对西方阵营的语调再度生硬起来，他在发给西德总理阿登纳的备忘录中直白地谈起现在“西柏林的情形十分不正常”，如果西方不同意签署和平协议结束四国共管柏林的状态，那么事态只会持续恶化并走向军事冲突。

然而紧接着传来枪声的地方并不是柏林，而是美国家门口的古巴。4月17日，约1500名古巴流亡者在美国中央情报局的策划下在古巴西南海岸登陆，试图推翻新生的古巴革命政权。对于这个艾森豪威尔在卸任前几天批准的鸡肋计划，肯尼迪既不愿放弃，又执行得三心二意。他命令中情局修改原计划，将古巴流亡者放到猪湾登陆，这个改动降低了美国的风险，却将流亡者置于更加危险的境地。事前肯尼迪还严令美军不可以提供任何支援，入侵队伍情况危殆时也仅同意出动6架掩去了标识的战斗机。这些条条框框把本来成功希望就很小的入侵行动彻底搞砸了。在猪湾入侵的次日，肯尼迪在回复赫鲁晓夫的责问时矢口否认这事与美国有关。这些掩耳盗铃之举让赫鲁晓夫感觉自己看穿了肯尼迪的胆量。

在6月3日和4日举行的维也纳美苏首脑峰会上，赫鲁晓夫决定以老挝问题上的妥协当作诱饵，以柏林问题为主攻方向，用核战争的前景压服软弱的肯尼迪让步。他再次威胁要单方面与东德政府签署和约，并调整西方盟国进出柏林的权利。两个月来因猪湾行动失败而焦头烂额的肯尼迪，尽管在直率得近乎粗鲁的赫鲁晓夫面前处于劣势，但他认为维护1948年柏林封锁时美国坚持过的权利是自己必须守住的底线。他表示苏联可以把自己在柏林的权利转交给东德人，甚至暗示可以放任苏联在自己的势力范围内为所欲为，但绝不允许苏联再次封闭盟国进出柏林的通道。

“如果美国觉得应该在柏林开战，那就来吧”，无论美国的态度如何，苏联都会在年底签署和平协议——这就是赫鲁晓夫的总结陈词，或者说是一份新的最后通牒。

3.“尾巴摇狗”

从维也纳峰会传来的消息让乌布利希马上加强了边境的监管，并宣布西柏林那些“所谓的难民营”必将被关闭。苏联对美国越强硬，就越需要东德的支持和协助，就越不能轻易回绝东德的请求。乌布利希统治之下的民主德国蜷缩在德意志的东北一隅，仅获得全世界十来个国家的承认，在西方（以及中国）一向被视为苏联的“卫星国”，但乌布利希决心要利用自己的“利用价值”，找到一根杠杆，撬动美、英、法、苏这四个庞然大物。就像一位历史学家在审视东德的成功之后所惊叹的：这不是狗在摇尾巴，是“尾巴摇动了狗”。

在1961年4月至7月的这段时间里，美国的盟友们没有心情嘲笑肯尼迪在猪湾事件中的拙劣表现，他们的目光都紧紧盯着柏林。

英国首相麦克米伦显然无法指责肯尼迪策划不周，他自己在虎头蛇尾的“苏伊士河危机”中的角色，被反对党讥讽为“冲在最前，却溜得最快”（First In, First Out）。他在国内大选中是打着“生活得更好”的旗帜当上首相的，英国人显然并不像关心切身福利那样关心正在剧烈收缩的大英帝国，又怎能指望他们用鲜血去捍卫德国的首都呢？麦克米伦一直希望美苏首脑能够坐到一起谈出一个折中方案，他认为如果再来一次1948年式的柏林封锁，英国可能很难再次参加空运——苏联的防空能力已不可同日而语，而西方的核垄断已经不复存在。

法国的戴高乐总统似乎要硬气得多，他当着肯尼迪的面笑话赫鲁晓夫的“最后通牒”是“过了6个月又是6个月，过了6个月又是6个月”，并断定苏联根本不敢在柏林开战。他劝肯尼迪不要对赫鲁晓夫的威胁做任何妥协，否则苏联会一点点掏空西方盟国在柏林的权利。但当肯尼迪追问法国究竟会在什么情况下为柏林而战时，戴高乐又称苏联与东德签订和平协议不是问题，只有在苏联或东德采取军事行动时，西方国家才能与之兵戎相见。

西德总理阿登纳的态度则更为微妙，他当然不希望德国沦为战场，但他更担心美国将西德当作与苏联交换利益的筹码。这一处境与乌布利希很像,同时他也与东德领导人一样头痛东德居民外逃的事情,每年向西德涌入的约20万东德难民是西方绝好的宣传材料,却是西德政府实实在在的麻烦。整个1961年柏林危机中最吊诡的事情,莫过于阿登纳与乌布利希这对死敌其实有着相同的愿望:找到一个不必退让又不至于引起战争的方法截断东德难民潮。也就是说,如果东西柏林之间像东西德之间一样竖起一道边境线,在阿登纳看来并不是一件坏事,它甚至有利于西德实现完全融入西方世界的愿景。

依仗着神通广大的克格勃,英、法和西德领导人的这些态度早已被赫鲁晓夫尽收眼底。现在他是国际政坛上音量最大的人,但这并不意味着他拥有稳固的优势地位。苏联是发出威胁的一方,如果西方毫无反应怎么办?再来一次柏林封锁就必须冒开战的风险。如果苏联单方面与东德签署和平协议,却无法驱离自认为有权利驻军的美军,岂不是留给世界一个笑柄?实质上,赫鲁晓夫承担着比肯尼迪更大的压力。在极端情况下,要确保威胁兑现,苏联必须主动使用武力。

这个微妙的局面和时间点,正是乌布利希撬

动大国所需要的杠杆支点，他再次催促赫鲁晓夫完成斯大林1948年未竟的事业，同时还为苏联（实际上也为美国）提供了一个“下得了台”的方案。乌布利希一直试图向苏联领导人证明彻底分割柏林是可能的，但赫鲁晓夫依然顾虑重重。这可不像1948年封锁柏林，只要守住了几条水陆要道就可以。即使突然关停所有的公共交通，东西柏林之间分界线上还有数不清的大街小巷，在一些地方，分界线就是街道本身，人们可以从任何一个地方跨过。而且从1961年初以来，一直就有东德将关闭柏林边界的传言，许多人就是因为想抓住“关门前的最后机会”才加速逃亡的，如果人们发现有一处真的在修建实体墙，他们很可能会从其他尚未完工的地方蜂拥而出，东德或驻德苏军有那么多人去应对民众的冲击吗？最后也是最严重的一个顾虑：西方是否会认为此举违反了四国共管柏林的协议？

赫鲁晓夫自维也纳峰会之后一直在反复思考柏林问题，他判断，在缺乏盟友支持的情况下，美国难以为柏林而战。但直到他拿到驻德苏军总司令提供的柏林详图后，才最终同意了乌布利希的请求：建墙。他这样为自己的决策开脱："谁都可以很容易地预测出，在与同盟国的大规模对抗中，如果我们不迅速地做出决策，那么东德的经济将很快崩溃。而事实上，也只有两种应对措施：切断同盟国的空中交通或是建立一座墙。前一种措施将会使我们卷入与美国的严重冲突之中，甚至很可能会导致战争。我不能也不愿意冒那样的险。剩下的选择就只有建这座墙了。"他还相信，"社会主义天堂的大门由武装部队守卫"的荒唐现象是暂时的，只是因为民众的物质需要还得不到满足，等到工人阶级专政所掌握的精神和物质潜力被发挥出来后，柏林的民众就可以自由旅行了。

等来绿灯之后，乌布利希于8月3日赶到莫斯科，向赫鲁晓夫上报了自己的详细计划：封锁工作将在8月13日星期天的凌晨展开，届时到西柏林工作的东德人都会在家过周末，街道上的人流量和公共交通都十分稀疏。东德政府会将秘密保守到最后一刻，建墙时需要进口的原材料都将分散洽谈。东柏林的居民会在星期天的早上突然发现所有前往西柏林的通道都不复存在了。

赫鲁晓夫没有对乌布利希的计划提出异议，他只是反复强调所有措施都必须在东柏林一边展开，绝不能有“一毫米”越界。而防止民众骚动的要诀是在最短时间内制造既成事实，避免迁延日久导致事件发酵。

8月11日，已返回柏林的乌布利希觐见了赫鲁晓夫新任命的苏联驻德国军队总司令科涅夫元帅。科涅夫是柏林的解放者之一，而他的另一项重要资历是他镇压了1957年匈牙利的骚乱。派他坐镇柏林，显然是为了保证整个封锁行动万无一失，同时也是要一切情况都处于苏联的绝对控制之下。

能摇动狗的尾巴，也还是尾巴。

8月12日，乌布利希将东德的高级干部们都召集到柏林城外的礼宾别墅，直到代号为“玫瑰行动”的封锁行动正式开始前几个小时，才向他们通报即将要发生的事情，而且规定他们谁都不准离开别墅。午夜时分，“玫瑰行动”的总指挥昂纳克向东德军警下达指令：“你们都已经知道任务了！出发！”

4. 一触即发

8月13日凌晨1点，东柏林突然熄灭了所有的路灯。由军用卡车运载的穿黑色制服的警察、史塔西人员和“工人战斗队”（民兵）从黑暗中猛扑出来，在30分钟内用人墙封锁了柏林城内边境上的81个主要通道。紧接着，东德一侧的所有公共交通关停，主要铁路交叉口上的铁轨都被立即拆毁。在接下来的一个半小时内，边境警察和“工人战斗队”负责先将铁制拒马摆在关键位置，然后再将带刺的铁丝网钩挂在拒马的铁钉上。负责防御的武装人员每6人一组，呈战斗队形展开，枪口先是朝向西边以戒备西方军队干涉，等身后的简易拒止设施完成后，再把枪口调转向东边以防止东德居民冲击防线。手持卡宾枪负责把守要道的警察已将新近下发的空包弹上膛，如果开枪示警失败，他们还备有另外三弹夹的实弹。

火力更强大的正规部队——东德人民军已经开进柏林并隐蔽在离边界线更远一些的地方，其中包括驻什末林的第八摩托化师以及驻波茨坦的第一摩托化师的240辆坦克和320辆装甲车。为防止走火,普通士兵所配发的实弹只能先放在腰间的子弹袋里。只要一线人员还能控制局面,他们是不会出现的,因为按照四大战胜国的约定,德国军队进入柏林并不合法。当然,乌布利希和科涅夫最后的保险还是驻德苏军。这些部队留守军营或布置在柏林外围,他们只会在危急关头或西方驻军干涉建墙时才会出击。

昂纳克从午夜起一直乘车在边界线上巡行,尤其关心湖泊、运河、下水道等薄弱环节,他像一位值夜班的技工一样,大部分时候都在查看机器是否正在按照既定程序运转,只是偶尔按按电钮、拧拧螺丝。夏日的柏林,4点已微露晨曦。昂纳克在确认各处无虞后回到办公室,迎面的曙光仿佛在照亮自己的前程。6点,他收到了封锁工程按精确计划完成的消息。

东德政府最担心的是自己的国民在发现大门即将关闭时发生大规模聚集并集体向边界冲击。但这样的事情并没有发生,在一觉醒来发现边界已封锁后,东德民众的反应出奇地平静。倒是西柏林那边的青年吵吵嚷嚷,有些胆大的人还向东德军警扔石块并随即遭到高压水枪回敬。但不久后西德青年的愤怒竟转向了美军一边，责问一向高调的“自由世界”为何对此无动于衷。

图20 柏林墙修建前一个月(1961年7月)聚集在西柏林难民居住点前流亡者

在东德军警用人墙完成初步封锁并关闭公共交通后半小时，即凌晨2点，美军的柏林驻军指挥部接到了关于边界封闭的报告，但他们并没有立即上报华盛顿，而是派军官闯过封锁线去看一看。此举如同发出了一枚探针，如果这枚探针碰上了坚实的墙壁，则证明美军已失去自由通行于柏林的权利，那么一场大战的序幕就要拉开了。然而这探针如同扎进了水里，除了最初的查问之外，美军军官顺利地通过了封锁线并查看了弗里德里希大街火车站等最敏感的封锁点。驻德美军特别在意苏军的动向，而升空监视的直升机发现除了干活的东德军警，柏林的苏军驻地寂然无声。只有美军部署了柏林周边的观察员证实，苏军第十近卫坦克师及其他部队的上百辆坦克已经部署到柏林周边。在确知苏军有大规模调动但没有参与封锁行动之后，驻德美军司令部将士兵们拘束在兵营，并向国内发送了报告。

从华盛顿传回来的都是保持克制的声音。48个小时过去，美国除了发表抗议以外并没有什么实质性的行动。事实上，饱受压力的肯尼迪在得知东德在自己的地盘上建墙的消息后反而长出了一口气——这不是进攻的姿态，他的第一判断是："赫鲁晓夫并不会夺下西柏林，这是他摆脱困境的办法。这不是什么好办法，但是一道墙总比一场战争要好得多。"

试探得手的乌布利希下令巩固边界封锁的成果。从8月15日起，成批的1.25平方米大、20厘米厚的预制水泥构件，由平板卡车运到边界上的关键地段，再由起重机安放到预定位置。在其余一些较小的封锁点，“工人战斗队”开始手工砌墙。苏军则从次日起在柏林周边展开模拟封锁西德至柏林之间通道的军事演习，这是他们在战后第一次邀请西方武官前来观摩，陪同人员还不经意地提起前方的火箭弹装有核弹头。

面对这一切，美国唯一的实质性动作是向西柏林增派了1500名士兵，他们于8月20日在柏林接受了西柏林市民和美国副总统约翰逊的欢迎。与约翰逊同机抵达柏林的还有另一位重要人物，他的级别要低得多，但他在柏林的名声完全不逊

图21　卢修斯·克莱(Lucius D. Clay)

于美国总统——克莱将军，西德人眼中粉碎1948年斯大林封锁的英雄，不久后将以总统特使的身份再抵柏林。

这个任命让赫鲁晓夫觉得，“肯尼迪好像把时钟拨到了第二次世界大战刚结束的时候”。其实情况有很大不同，克莱在上次柏林危机时可以先于杜鲁门的决定组织空运，而这次他虽有权向总统直接汇报情况，但真正能指挥的士兵少得可怜——与他对阵的科涅夫则拥有相机处理柏林事务的全权。克莱自己亦知此行艰险远胜从前：“就柏林的形势来说，不论怎么做都是很困难的。”

将克莱派到柏林是肯尼迪的另一个宣传性举动，但这可能是一个他事后会后悔的安排。志在千里的克莱放弃优渥的大陆制罐公司首席经理之职飞越大西洋，可不是来为肯尼迪做宣传的。8月19日，再次降临滕帕尔霍夫机场的克莱受到了英雄般的欢迎。

再没有什么比上一次柏林危机的英雄重新回柏林掌舵更加鼓舞人心的了，但此时的局面与战后四国占领时期大不相同。如今包围着西柏林的东德已建国11年，其政权还在1953年得到过苏联的武力背书，而苏联本身早已打破美国的核垄断，双方的力量对比早已不同于1948年。同样重要的是，在苏联没有进一步入侵举动的情况下，英法等重要盟友都无心冒险，而苏联则能够轻易驱动华约的力量加入对抗。

对克莱而言，这些改变都是不存在的，他眼里根本没有"东德"这个东西，柏林唯一的合法状态是"四国共治"。以此推理，如果柏林墙真的像苏联说的那样是东德政府自己修建的，那么美国就有权利直接拿推土机让它变成一堆瓦砾。别忘了，他当年就是那个坚决要用装甲车武力打开赴柏林地面通道的人。

正是克莱的到来，让看似已经平息的第二次柏林危机到达了顶峰。克莱被西德人视作英雄，他似乎也是以一个英雄的形象来行事，毫不顾忌自己现在已经不是驻欧洲美军总司令兼驻德美军总司令，而只是一个仅供咨询之用的"私人代表"。在一个月来一直处于守势的驻柏林美军基地，他犹如半路杀出的程咬金，猛地砍出了三板斧。

第一板斧，他不顾东德方面武装拦截的警告，派直升机从一块自战后起被苏军控制了出口的西柏林飞地中接出逃进去的东德人，进而在那里设置了一个美军哨所，甚至还准备在9月24日发起突击行动从东德警察手中夺回通道——这个突击行动被他的后继者、驻欧美军司令克拉克将军在最后一刻叫停。

第二板斧，是宣布美军恢复已中止六年的高速公路巡逻，干预柏林通道上任何检查或扣留美国车辆的行为。科涅夫元帅根本没有把克莱当作对手，他直接发信给驻柏林美军指挥官：此信不是抗议，而是警告，不中止非法巡逻，后果自负。克拉克得知后，亲自到柏林向属下明确克莱不具备指挥权的事实。美军的巡逻在恢复一周后中止。

第三板斧，是在西柏林的密林中演习用装有推土机铲的坦克摧毁柏林墙。克莱命令工程兵尽量仿建柏林墙，然后反复试验，看坦克以何种速度和角度冲上去能最有效率地破坏墙体。克拉克听说之后立即叫停，还严令士兵清理现场，抹去这一危险实验的痕迹。

克莱砍空了三板斧，而这绝非因为英雄迟暮，

1948年柏林封锁时杜鲁门也踌躇万分，但他需要担心的主要是十余万驻欧美军的安危，而今肯尼迪却要掂量纽约、洛杉矶等城市数千万人的生死，岂能让他克莱"英雄有用武之地"？

在柏林前哨的美苏官兵并不知道，赫鲁晓夫与肯尼迪已经在他们剑拔弩张时恢复了秘密通信，而且两人都同意：在核时代，美苏两大国合作维持世界和平的努力至关重要。10月17日，苏共二十二大召开，赫鲁晓夫在会上宣布不再为对德签署和平条约设置最后期限。东德的"失血口"止住了，苏联的"最后通牒"取消了，眼看着第二次柏林危机就要以目前的既成事实翻篇了，深感失望的克莱渐已萌生去意。但造成这场风暴的那只蝴蝶乌布利希并不甘心，这回他化成了一只将危机推向顶峰的"幺蛾子"。

赫鲁晓夫宣布取消"最后通牒"后，尚在莫斯科旁听会议的乌布利希下令东德将检查包括西方盟国官员在内的一切进入东柏林的人员的身份证件。这彻底激怒了克莱，在他眼里这个所谓的"民主德国"连管理柏林的资格都没有，现在居然要取消四大占领国商定的盟国权利。更让他气愤的是英方人员已经在新规定发布后出示过证件了，这相当于明确承认了东德对东柏林的治权。克莱说服驻柏林美军总指挥下令，美方人员绝不理会东德的通知。

10月22日，美方的一名外交官携妻子前去东柏林看戏，却因不愿出示证件而被东德警察拦了下来。在克莱的授意下，美军很快开来了四辆坦克堵在查理检查站门口，同时来增援的还有两小队上了刺刀的士兵。在坦克炮口的威慑下，两队士兵护送着美方车辆示威般地在东柏林转了两

图22 查理检查站的对峙——美军坦克

圈。这一次，苏联方面仅仅对美军士兵进入东柏林提出了抗议，而且称美方外交官受到拦截是一个误会。克莱感觉自己终于扬眉吐气，并向新闻界宣告了自己的胜利。此后他每天都安排尽可能多的车辆在不出示证件的情况下穿越查理检查站，以巩固自己维护西方盟国权利的胜利。

这样有惊无险的"行动"持续了5天，10月27日下午的又一次行动之后，天已擦黑，美军坦克已奉命退回基地。但忽然间，查理检查站北面有一队不明国籍的T-54坦克逼了过来。正在查理检查站执勤的宪兵派克中尉赶紧开车将离去的美军坦克追了回来。大约从6点开始，南北两边的坦克开始在分界线的两侧对峙。问题的关键在于，苏联承认为克莱所不屑的东德，那就意味着美军士兵硬闯东柏林的行为是"武装挑衅"，苏军不能不做出反应。

对克莱而言，最重要的事情是尽快确认北面这些坦克的身份，若是东德人民军竟敢冒充苏军前来，他就有胆量采取激进行动。这个紧急任务又落到了派克中尉头上，而他的行动方式出乎所有人的预料，于是就有了本书楔子中的那一幕：他居然直接将吉普车开过边界线(这一步是符合盟军协定的),然后把车停在一边,步行走向T-54,一纵身爬了进去,通过车内标识和俄文报纸完成了确认任务。

克莱在确认对面是苏军后不敢造次,但他已经让装上推土机铲的坦克待命,如果肯尼迪下定决心了他就冲出去摧毁柏林墙。苏军不甘示弱,驻柏林苏军指挥官索罗维耶夫上校(科涅夫此时在莫斯科)告诉他的美国同行:不要再搞武装护送这种“舞刀弄剑”的把戏,这会“导致我方针锋相对的举动。我们也有坦克。我们可不想进行类似的行动,并确信你们也将三思而后行。”

图23 再次开上柏林大街的苏联坦克

无论是华盛顿还是莫斯科都没有立即传来新的指示，双方士兵受命继续僵持，以维持各方在谈判桌上的气势。时值深秋，入夜的柏林气温骤降。曾多年与陆军一起摸爬滚打的赫鲁晓夫，自然比鱼雷艇长肯尼迪更知道个中滋味，他的说法很俏皮：“我们的坦克手坐在冰冷的铁盒子里过夜，一定会感觉到精神振奋”。

图24 精神振奋的坦克手们

与一年后的古巴导弹危机不同，这次先眨眼的是美国人。肯尼迪总统授意自己的弟弟，司法部手们长罗伯特·肯尼迪与一位苏联间谍会面，并以这种非官方渠道向赫鲁晓夫转达了平息柏林局势的愿望。赫鲁晓夫收到消息后，很有风度地下令让僵持了一夜的苏联坦克于28日上午11时先行后退，20分钟后美军坦克也撤走了。此后，美军便再也没进行“武装护送”的行动，克莱在不久后黯然回国，全然隐退。

图25 安装了推土机铲的美军M48坦克

柏林危机解除两天之后，苏联在新地岛引爆了一枚5000万吨当量的核弹，犹如为自己的胜利放了个礼花。赫鲁晓夫认为他没费一枪一弹，不但止住了东德的失血口，而且还迫使美国人事实上承认了东德对柏林的治权。不过细看之下，这个“胜利”水分不小：其实他给西方带来的挑战远比1948年斯大林带来的要小——在没有核武器撑腰的情况下去封锁美军的地面补给线是赫鲁晓夫根本不敢想象的事情。在本次危机中，以前国务卿艾奇逊为代表的美国鹰派在华盛顿制定了一整套反击计划(《国家安全行动备忘录第109号》)，准备在苏军越过红线时逐步升级对抗，直至开始核大战。可是苏军连鹰派划出的第一条红线("干扰进入西柏林的通道")都没有踩，让他们根本无从发力。更何况，美国政府内部还有以担任肯尼迪特别助理的历史学家阿瑟·施莱辛格为代表的温和派(其中包括时年39岁的哈佛大学教师亨利·基辛格)，他们促使肯尼迪关注对苏政策的实际政治目标，而不是"意志较量"本身。苏联和东德给自己修围墙的举动虽然令美国难堪，但并没有触及美国的主要利益(驻德美军权利)，更未伤害其核心利益(国土安全)。在这种情况下，西方阵营对苏东国家居民的声援也就仅限于用声音去援助，此前的波匈事件和此后的"布拉格之春"都证明了这一点。赫鲁晓夫真正的胜利，恐怕还在于树立了自己"敢于跟美帝国主义坚决斗争"的姿态，既堵住了苏斯洛夫等党内强硬派的嘴，也巩固了苏联在社会主义阵营内的领导权。

然而柏林墙很难说是苏东阵营的荣誉勋章。当东德人于1961年建起柏林墙时，这还是一个西方蒙受羞辱的故事：苏联雷厉风行，美国束手无策，英国委曲求全，法国袖手旁观。然而在不到两年的时间里，一个个东德逃亡者用自己的生命改变了这个故事的重点。乌布利希所谓的居民外流是因为“西方绑架东德人”的谎言不攻自破。一个让人愿意冒着生命危险逃出去的地方，只能是监狱。人们很快忘记了东德建墙时的高超手腕，却一再震惊于铁丝网上的斑斑血迹——柏林墙成了苏东阵营的耻辱。

当肯尼迪于1963年6月踏上这座让他多少次夜不能寐的城市时，他已可以轻松地将往日的尴尬抛诸脑后，而将柏林墙作为人心所向的一个明证：“自由有许多困难，民主亦非完美，然而我们从未建造一堵墙把我们的人民关在里面，不准他们离开我们……所有的自由人，不论他们生活在什么地方，都是柏林市民。因此作为一个自由人，我自豪地宣称，我是一个柏林人。(Ich bin ein Berliner.)……”

6月的长昼终将消逝，如潮的欢呼终归于寂

静，唯有月光下冰冷的水泥石墙不倦地注视着左右两边的世界。石墙两边的领导人来了又去，他们的言语就像拂过石墙的风。在接下去的四分之一个世纪里，还将有上百个生命陨落在翻越长墙的路上。

尾声:谁来推倒这面墙?

1987年6月12日,又一位美国总统来到柏林。背对着勃兰登堡门,里根呼请道:“戈尔巴乔夫先生,请推倒这面墙!”这个被后人视为冷战标志的口号在当时并未引起舆论的波澜,苏东媒体只将它当作了美帝国主义领导人意图“作秀”的又一次“挑衅”而已。

柏林墙究竟是谁推倒的?戈尔巴乔夫理应名列其中。1989年,东德政府面临紧急事态时,苏军奉命待在军营里,而没有像1953年那样冲上街头。但推倒柏林墙的并不只是一个人。

开始建造柏林墙之后的数年里,乌布利希也相应调整了统治策略。统一社会党中央首先做的,是进一步提高人民的生活水平,为此乌布利希提拔了一批懂技术、懂经济的年轻干部。随着这次经济改革取得显著效果,又恰逢世界经济进入繁荣周期，东德居民的生活水平在20世纪60年代前期有了大幅提升。到1966年，已经有一半以上的东德家庭拥有电视机，三分之一的家庭拥有电冰箱和洗衣机。但对于如何将这场经济改革继续下去，统一社会党领导层意见不一，犹豫不决。东德人民的生活水平在迅速提高，但随之而来的并不是人民对执政党的感恩戴德，反而产生出许多对国内政治现状的不满和对西方文化的向往。

由于未能建立一个鼓励创新的经济制度，再加上信息的闭塞和反应迟钝，整个苏东阵营都错过了电子信息化的产业革命。从70年代末起，东德的经济增长速度越来越慢，与西德之间的差距再次快速增大。然而1986年4月戈尔巴乔夫访问东德时，具体负责建造柏林墙的指挥者、已取代乌布利希成为东德领导人的昂纳克竟然还在大言不惭地宣称："比起联邦德国，东德的生活水平还是要更高一些。"他所不愿正视的是，仅仅靠外债来支撑的社会福利政策，已经使整个国家预算陷入将要破产的境地。

一些对政府不满的民众继续用脚投票。自

1984年开始，东德民众掀起了自柏林墙建起后最大的一波移民高潮（主要是各类有出国资格的人通过各种方式在国外滞留不归）。1989年5月2日，同属于社会主义国家的匈牙利已经向奥地利开放了边境，很多东德居民开始以旅游为名设法借道匈牙利、奥地利去往联邦德国。9月10日，匈牙利与东德的边境全面开放，使柏林墙实际上已经失去作用。之后的20天内有25000多人逃出边境，东德陷入了自1961年以来最大的危机之中。这时一系列的政治团体在东德如雨后春笋般地涌现出来。其中有一个只存在了不到一年的小党“民主的觉醒”，将一位名叫安吉拉·默克尔的量子化学博士引入自己的政治生涯。

图26　1989年11月9日君特·沙博夫斯基的新闻发布会

柏林墙被建起的时候,它是一项精心策划的工程;而当它倒塌的时候,却是一个糊里糊涂的过程。1989年11月9日下午,统一社会党召开了第十次中央全会,通过了新的《旅行法》,东德公民出国不再需要陈述条件,仅用身份证就可以办理出境手续——这比西德人到东德还要方便。会议尚未结束时,负责与新闻媒体联络的柏林专区第一书记君特·沙博夫斯基正好要去参加一个新闻发布会,于是就把这个新鲜出炉的消息告诉了媒体。“那么新规定何时开始实施呢?”记者问。“据我所知”,沙博夫斯基一边翻文件一边不太确定地答道:“应该是立即生效吧。”在这里他犯了一个错误,按照新任总书记克伦茨的意思,应该是次日生效才对。但这一错误也让柏林墙的倒塌更加具有戏剧性。当天的晚间新闻播出之后,获得消息的人们纷纷涌到柏林的边境检查站门口,试探着要直接过境。可是东德的边防卫队此时还没有接到即刻实施新《旅行法》的通知,于是他们只能依照旧办法,持枪与人群对峙。数小时后,检查站门口的人越聚越多,越来越激动,有人开始冲击岗哨。如果此时的现场指挥官真的坚持旧原则，戏剧性恐怕就要变成悲剧性了。他们的上司也不知道该怎么办，只能先强调“维持秩序”和“不准开枪”这两条命令。最终，当这两者只能遵从其一时，士兵们坚持了后者。当晚21时许，东德决定当即开放边境。于是这场“和平的革命”达到了高潮，人们蜂拥通过哨卡。有人欢呼，有人哭泣，还有人去拥抱了持枪的士兵——他们都是推倒柏林墙的人。

从这一天起，直到今日，柏林再也没有与“危机”一起出现在国际新闻里。

参考资料

1.中文专著

[苏]奥·阿·勒热舍夫斯基编:《斯大林和丘吉尔(1941—1945)》,王仲宣、齐仲、高春兴译,东方出版社,2006年6月。

[美]弗雷德里克·肯普:《柏林1961——肯尼迪、赫鲁晓夫和世界上最危险的地方》,武凤君、汪小英译,中国青年出版社,2013年。

[英]弗雷德里克·泰勒:《柏林墙》,刘强译,重庆出版社,2009年。

[美]哈里·杜鲁门:《杜鲁门回忆录》,东方出版社,2007年。

[苏]尼基塔·谢尔盖耶维奇·赫鲁晓夫:《赫鲁晓夫回忆录》,张岱云译,东方出版社,1988年。

[美]欧文·翁格尔、德比·昂格尔、斯坦利·赫什森:《乔治·马歇尔传》,夏海涛译,世界知识出版社,2018年。

沈志华主编:《冷战启示录》,世界知识出版社,2019年。

2.论文

黎纳:《德意志民主共和国的十年伟绩》,《世界知识》,1959年第19期。

朱开印:《庐山会议前陪彭德怀访东欧》,《百年潮》,2005年第11期。

3.外文著作

Arnd Bauerkämper, Ländliche Gesellschaft in der kommunistischen Diktatur, *Zwangsmodernisierung und Tradition in Brandenburg 1945–1963*, Bühlau Verlag, 2002.

Daniel F., Harrington, *Berlin on the Brink: The Blockade, the Airlift, and the Early Cold War*, University Press of Kentucky, 2012.

Daniel F.,Harrington, *"The Air Force can deliver anything!": A history of the Berlin airlift*, U.S. Air Force, 1998.

William H.,Tunner, *Over the Hump*, New York, Duel, Sloan, and Pearce, 1964.

4.档案材料

中国外交部档案馆:《德国政府代表团接待组:〈德国政府代表团接待简报〉》,1961年1月19日,109-03760-04。

中国外交部档案馆:《聂荣臻副总理会见民主德国党政代表团团长马特恩等谈话记录》,1959年9月28日,204-00078-07。

中国外交部档案馆:《驻德使馆致外交部电》,《对明年外交工作规划的意见和建议》,1958年11月30日,109-01361-01。

Besprechungsnotiz-Nr. 41, beim Ministerium für Außenhandel der VRCh am 6, Oktober 1957 9.00-10.45 Uhr, BArch-SAPMO, DY 30/IV 2/

6.10179.

Einschätzung über die Entwicklung der LPG im Jahre 1959, 27,April 1960, BArch-SAPMO, DY 30/J IV 2/2J 642, Bl. 20.